投资的逻辑

THE LOGIC OF INVESTMENT

中国式股市投资心理学

周 倩 周晓垣◎著

台海出版社

图书在版编目（CIP）数据

投资的逻辑：中国式股市投资心理学／周倩，周晓垣著.

-- 北京：台海出版社，2018.2

ISBN 978-7-5168-1744-5

Ⅰ.①投… Ⅱ.①周… ②周… Ⅲ.①股票投资—研究—中国

Ⅳ.① F832.51

中国版本图书馆 CIP 数据核字 (2017) 第 331089 号

投资的逻辑：中国式股市投资心理学

著　　者：周　倩　周晓垣

责任编辑：王　艳　　　　　　装帧设计：张合涛

版式设计：石凯辉　　　　　　责任印制：李广顺

出版发行：台海出版社

地　　址：北京市东城区景山东街 20 号，邮政编码：100009

电　　话：010 – 84827588（发行，邮购）

传　　真：010 – 84045799（总编室）

网　　址：www.taimeng.org.cn/thcbs/default.htm

E-mail：thcbs@126.com

经　　销：全国各地新华书店

印　　刷：艺堂印刷（天津）有限公司

本书如有破损、缺页、装订错误，请与本社联系调换

开　　本：710mm×1000mm　　1/16

字　　数：245 千字　　　　　　　印　　张：18

版　　次：2018 年 2 月第 1 版　　印　　次：2018 年 7 月第 2 次印刷

书　　号：ISBN 978-7-5168-1744-5

定　　价：58.00 元

　　九十年代，初入证券市场之时，年轻懵懂，充满好奇。在游戏厅看到老虎机也会观察良久，探索制胜的方法。对单纯性赌博不屑一顾，笃定地认为一定有稳赚不赔的获胜方法，于是，实验开始……

　　购买了 300 枚游戏币，因中奖概率不同，赔率也各不相同。押中苹果 1 赔 5；橙子 1 赔 10；西瓜 1 赔 20；BAR 1 赔 50。连续投币 100 次，每次只押一枚苹果，100 次游戏过后，手中剩余 87 枚游戏币，赔了 13 枚；连续投币 100 次，每次只押一枚橙子，100 次游戏过后，手中剩余 64 枚游戏币，赔了 36 枚；连续投币 100 次，每次只押一枚西瓜，100 次游戏过后，手中剩余 47 枚游戏币，赔了 53 枚；连续投币 100 次，每次只押一枚 BAR，100 次游戏过后，手中剩余 31 枚游戏币，赔了 69 枚。

　　这次实验的结果比较令我吃惊，虽然都是亏损，但成绩最好的竟然是赔率最低的苹果，且需要连续百次不变地操作。原来看起来越是美好的、一本万利的机会，只是水中月、镜中花，反倒是赔率最低，出现概率较大的投资品种——苹果，给我带来了惊喜。虽然是一次类赌博的实验，却蕴含着深厚的投资哲理，专注于大概率投资机遇是我们一生中应随时提醒自己的投资真谛，而那些类似于中彩票般的机会就让它淡淡地随风去吧！

低成功率的投资会吞噬我们很多很多成本，而貌似唾手可得的大奖，其实往往都是大坑。时光匆匆，不知不觉间已进入证券期货市场一十九载，从一名中小投资者，到机构从业人员，到行业分析师，到职业操盘手，再到基金管理者，资金规模从几万元，到几十万元，到几百万元，到几千万元，到几亿元，到几百亿元。捕捉大概率，舍弃小概率，稳扎稳打，步步为营算是我的制胜法宝吧。最后，将我最常用的投资格言奉献给大家共勉："逆向思维，顺势而为，谨慎决策，果断操作。"

胜兵先胜而后求战！这，便是投资的逻辑。

从 2007 年到 2017 年，上海、深圳两市总市值增长了近 8 倍，操纵市场的门槛似乎已经越来越高。但是，中国股市并未出现像美股市场那样的"慢牛"走势——要么行情几年不启动，一动就是"疯牛"。究竟是什么样的力量在主导着这一切？为什么股市一启动，沉寂许久的投资大师们就能立刻获得极高的人气支持？

中国股市中操纵资金流向、指数起伏的力量被称为"主力"，但人们没意识到，还有一股操纵"大众认知"的力量更为可怕。金融市场其实也是"大众认知"的战场。为什么国内大多数投资者均蒙受损失？为什么他们会深陷"国外大师""国外经典理论"的重重陷阱？

沃伦·巴菲特有一句名言："在任何领域专业人员高于门外汉，但在金钱管理上往往并非如此。"现在主流市场对财经金融的分析似乎已远离常识。

只要你努力经商或努力工作，5 年之后收入增长一倍是值得期待的。而你持续进行 5 年的股市投资，本钱不亏损的可能性只有 10%。

假如持续投资几十年，哪怕股市每年都上涨 10%，你可能还会损失大部分财产。

为什么大多数人离正确的投资逻辑越来越远？真相永远不可能出自知情人士之口，这是投机游戏的本质。

任何经典的投资理论都有特定的投资环境和人脉背景做支持，金融市场不存在永恒的或者普遍适用的真理。

目前，整个东亚地区的公司都存在比较严重的管理问题，仿效巴菲特集中持股、长期持股，风险很大。有私募人士表示："在亚洲市场投资，不做组合不放心，否则做得再好也经不起一次失败，一旦出事就无法控制风险。"

欧美成熟的公司文化造就了庞大的职业经理人团队，他们努力使股东利益最大化，可以培育出股价上涨数十倍甚至上千倍的公司；俄罗斯是国家资本主义，企业更注重国家利益，对股东利益不太关注；日本企业把员工利益放在第一位，股东利益则次之；至于日本以外的其他亚洲企业，不少是家族制，公司管治不健全，透明度差，很难产生真正值得长期持有其股票的现代企业。这就使投资者对长期投资本地公司保持着高度的警惕。

国内的投资很难把握，民企老子传儿子、儿子传孙子、孙子传给重孙后，其原有的价值基本上都消失了。而国企董事会任免是由上级机关决定的，"对股东利益负责"往往不是第一位的。

从概率上讲，全球范围内都是企业关闭的数量远远大于生存下去的数量，持续生存下去的则远远少于存活几年的。通俗一点讲，在这个市场中，毁灭财富的企业数量巨大。巴菲特对市场和投资者的观察无比敏锐而正确："世界上绝大多数投资者（包括专业人士），既无能力也无必备的心理素质来挑选个股、投资个股，他们必然跑不赢大市。既然不能跑赢大市，那就不如买指数基金，追求市场的平均收益。"

其实，巴菲特并不认为价值投资适用于普通投资者，而巴菲特的老师格雷厄姆在晚年更是放弃了他本人创立的价值分析体系。多数人并不知道隐藏在历史角落的"股神"真相，因而对投资往往产生种种误解和误判。

本书立志于向读者披露金融圈内少数精英掌握的绝密铁律，希望能帮助广大投资者赢取财富突围战。

第五章　庄家在哪里

第六章　必然回归平庸的基金经理

第十章　投资人的修养、境界和市场交易

第十一章　金融心理学：驱动股市的真正力量

第十二章　赢家的投资组合

第一章

千年不变的投资铁律

投资需要很高的智商吗？巴菲特说："在任何领域专业人士都高于门外汉，但在金钱管理上往往并非如此。"

国内教投资者选股的专业人士层出不穷，有大学教授，也有小学没毕业的；专业书籍汗牛充栋，方法五花八门，有用数学模型、博弈论或心理学的，也有用易经八卦的。

而事实真相是，专业投资者未必能战胜"被蒙上眼睛的猴子"。

金融家为什么赢不了猴子

俄罗斯 Vesti 电视台曾经报道，一只来自"杜罗夫爷爷的角落"剧院的名叫卢克里的猴子，面对 30 家俄罗斯公司的股票，依靠骰子、凭借"自己的智慧"选择了其中 8 家。一年过去了，猴子的总资产涨了近两倍，不但跑赢了大盘，而且战胜了俄罗斯 94% 的基金经理。20 世纪末，美国《华尔街日报》也做过类似实验，而且将实验周期拉长到 10 年，最终基金经理们也不过是在与猴子的竞争中险胜而已。

如果再与道琼斯指数做比较，多年以来，专家推荐的股票几乎都无法超越大市的平均回报水平。

要知道，道琼斯工业指数来自美国 30 个主要大公司，这 30 家公司的股票全是分红股，也就是俗称的 Blue Chips（蓝筹股），它们几乎全是跨国公司，其利润是来自全世界市场的。

想要长期跑赢大盘不容易，想赢过作为最平庸投资组合的道琼斯指数

（或者上证指数），也是如此困难。这是因为股市根本是一个零和游戏，扣除各种成本（如交易佣金、税收等）后，股民作为一个群体，必然跑输大市。这是一个数学上无法挑战的铁律。

股市博弈的定义可以表述为：

$$输家损失＋现金分红＝赢家收益＋企业融资＋交易成本$$

等式左边是股市资金的提供者，右边则是股市资金的索取者，长期看来，等式两端必须平衡，这个"游戏"才能继续下去。

当企业融资大于现金分红时（这在中国股市是铁定的），额外的资金需求全要由输家来承担，所以投资者亏损比例扩大。

只有在极其罕见的时期，上市公司没有充当抽水机的角色，股票投资才是一个普惠大众的游戏。

美国学者道格·亨伍德在《华尔街——如何运作及为谁运作》一书中写道："到了 1980~1997 年，美国股市走到了提供资金的反面，这种资金反向输送主要体现在红利上。因此这一时期，根本不是企业求助于华尔街的投资，相反是上市企业的钱一直充斥着华尔街。"这表明在 20 世纪 80 年代到 90 年代，美国上市公司现金分红已经大大超过了其在股市中的融资额。这才有了道琼斯指数当年的那一轮大牛市。

而耶鲁大学基金会的数据显示：即使在 20 世纪末的美股大牛市中，也只有 4% 的基金经理赚取的利润在扣除税收和费用之后能跑赢大市，而且平均起来也只是比大市的回报率多了 0.6% 而已。

有基金经理辩解说："我过去三五年的投资回报真的很高。"可是，过去三五年的业绩不能代表未来三五年的趋势。哪怕是只猴子，也可能连续选中几个大牛股。待时光洗净铅华，大多数"投资奇才"最终都会回归平庸。

2016 年人工智能获得重要进展，AlphaGo 在与韩国顶尖棋手李世石的博弈中最终获胜。而推出 AlphaGo 的 DeepMind，是谷歌收购的一家英国公司，下围棋只是他们展现人工智能水平的一个方式，他们未来可以用这种计算机算法来做很多事情，比如用计算机管理共同基金，只需保证投资回报率比人工管理的基金高一个百分点，它就可以成为全世界最大的基金管理公司。

赚钱是小概率事件

> 股票价格总是随机游走的：股票价格在每个时点上，向上和向下的概率是一样的，期望利润是零。市场仅仅遵循一个定律——概率定律。
>
> ——"有效市场假说"的奠基者　路易斯·巴舍利耶

1900 年，巴黎大学毕业生路易斯·巴舍利耶提交了一篇名为《投机理论》的博士论文，差一点因为老师看不懂而无法毕业。但是他无意间奠定了被称为"金融经济学"的理论基础，有人把他称作"金融学里的梵高"（天才但不得志）。

投资者的逐利行为最终将消除股价任何可以预测的波动，最后的唯一均衡结果是"随机游走"。直白点讲，就是除非运气好，一般人（不掌握内幕消息）不可能靠智力抓住股市中确定的赚钱机会。

就像我们排队买火车票，理智的做法是随便找个队老实排着，因为一般每个售票柜台排队的人都差不多。要是发现其中一个售票柜台排队的人明显很少，最好别去，多半是机器坏了或者售票员出了状况。

华尔街经典著作《随机致富的傻瓜》和《黑天鹅》的作者，同时也是对冲基金管理人、"欧美最具影响力的50位商业思想家之一"的纳西姆·塔勒布，更进一步指出：投资是幸存者的游戏，投资大师多是靠运气吃饭的。

什么是幸存者游戏？第一次世界大战时期，白天吃了败仗的俄国士兵，在晚上借酒消愁、喝得酩酊大醉的时候，就会玩一种残酷的赌博游戏——俄罗斯轮盘赌。他们在左轮手枪的六个弹槽中放入一颗子弹，快速旋转转轮之后关上。游戏的参加者轮流把手枪对着自己的头，扣动扳机，中枪毙命的当然就输了，坚持到最后的幸存者就是赢家。

纳西姆·塔勒布认为金融投机（投资）是一种类似"俄罗斯轮盘赌"的游戏：假设一个25岁的年轻人每年玩一次俄罗斯轮盘赌博（1/6的概率被左轮手枪打死），他几乎没有可能活到50岁。如果有几千个25岁的年轻人都在玩这个游戏，那么，总会有少数几个人能够活到50岁，其他人则已成一堆墓碑。

在股市上风光无限的投资大师们，就是那些枪口下活下来的幸存者。投资大师和亏钱股民的区别就是，谁的运气更好。

1984 年巴菲特在哥伦比亚大学的一场演讲中，对"投资赢家"做过一次概率分析："我要各位设想一场全国性的掷硬币大赛。让我们假定，美国 2.25 亿人口在明天早晨起床时都掷出一枚 1 美元的硬币，并猜硬币出现的正面或反面。如果猜对了，他们将从猜错者的手中赢得 1 美元。每天都有输家遭到淘汰，奖金则不断累积。经过 10 个早晨的 10 次投掷之后，美国约有 2.2 万人连续 10 次猜对掷硬币的结果。每人所赢得的资金约 1000 美元……再经过 10 天，2.2 万人中又有 215 个人连续 20 次猜对掷硬币的结果，每个人赢得大约 100 万美元的奖金。输家总共付出 2.25 亿美元，赢家则赢得 2.25 亿美元。

"这时候，这群赢家们可能完全沉迷在自己的'成就'中，他们可能开始著书立说：自己如何每天早晨工作 30 秒，而在 20 天之内将 1 美元变成 100 万美元。更糟的是，他们会在全国各地参加演讲大会，宣扬如何有效地投掷硬币。而事实上，如果 2.25 亿只猩猩参加这场大赛，结果大致上也是如此——有 215 只自大的猩猩将连续赢得 20 次的投掷胜利。"

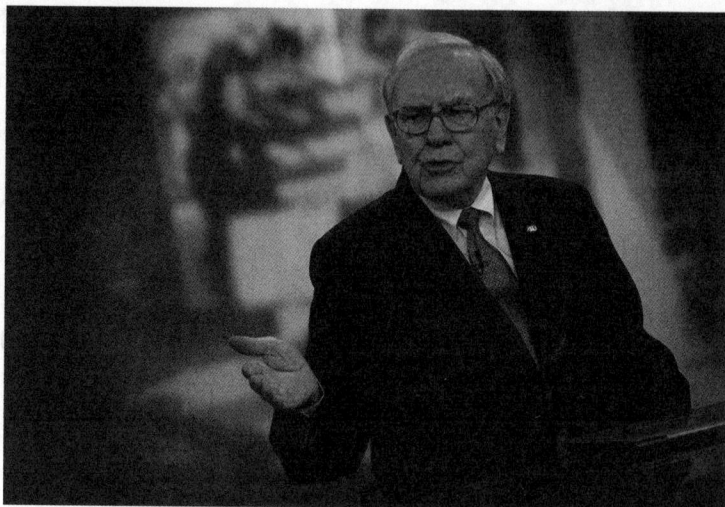

巴菲特其实是想说，经常抛头露面的投资家们大多是"运气好的猩猩"，但他自己不是猩猩。巴菲特说："我从不打算在买入股票的次日就赚钱。我买入股票时，总是先假设明天交易所就会关门，5年之后才重新打开，恢复交易。"

巴菲特不做猩猩的前提条件，是世界上99.999999%的人都不具备的——他不仅掌握着最及时的内幕消息，更能掌控上市公司的命运走向。比如巴菲特最青睐可口可乐，于是他买了可口可乐30%多的总股本——要么不买，要么就成为公司的实际控制人。

所以，巴菲特敢在大众恐惧时抄底潜力公司：他第一次投资美国运通时，这家高品质公司正被丑闻笼罩；他投资富国银行，也是在该银行快被房地产借贷业务拖垮时进场的。

大师多在"玩别人的钱"

中国已经进入"大众金融"时代，在这个时代，不懂金融，很难活得明白。

金融本质上是一个财富再分配的工具，它自身并不直接创造财富，但是它可以让财富流动起来，从一个国家流到另外一个国家，从一个人的手中流到另外一个人的手中。有些人之所以能空手套白狼，其背后的推手就是金融。

为什么这个世界上处处都是少数人占有大多数人的财富？其背后总有金融的影子。

金融最终只会制造少数赢家，而且只有玩 OPM 的才能稳赚大钱，什么是 OPM？即"Other People's Money"，俗话说的"别人的钱"。赢家是在金字塔顶的，输家是在塔底的；而赢家赚到的钱，就是从输家那儿来的。

公募基金是股市中最大的玩家，掌握着巨额社会资本，基金经理也都是头顶光环的专业投资者，但他们都在玩别人的钱。其实，买基金并不比买股票安全。

很多基金经理都有一个奇怪的逻辑：并非好企业一定是好股票，只有当"好企业出现危机"时，有了冒险机会，赌对了时机，能"富贵险中求"的股票才是好股票。

那些基金经理的逻辑为何这么畸形？反正是用别人的钱炒股。富贵险中求，更显示自己的魄力、胆识，更有成就感，更容易一举成名。

从"代客理财"的角度看，这很像孟子所说的"君子远庖厨"。"君子"喜欢吃肉，又怕见血，就"远庖厨"，于是，"君子的钱"就被厨师赚走了。投资者"怕冒险"，就请基金经理帮忙投资（冒险），那好，他们就稳赚投资者的管理费。

而不论基金经理是否为投资者赚到钱，每年 1% 或者 2% 的资产管理费是跑不掉的。哪怕费率只有 1%，在复利的作用下，5 年、10 年累计被收取的资产管理费，也是一个令人不愉快的数字。

前瑞士银行研究主管张化桥曾坦白："古今中外，做生意而发达的大有人在，炒股票而发达的只是极少数人。而且在炒股票发达的这极少数人中，绝大多数是依靠赚取管理费和利润分成而发达的。也就是说，他们的发达靠的是玩别人的钱，他们是卖铲子的基金经理和基金公司老板。单单依靠掘金而发达是罕见的（利用内幕消息者除外）。"

国内有个私募基金的老总讲得更直白："什么叫金融？玩自己的钱那叫农民，你玩别人的钱才是金融。其实我们从头到尾都是在玩有钱人的钱，你心里一定要当他是傻瓜，但是表面上一定要当他是贵人。这就是所谓战略上藐视敌人，战术上重视敌人。最重要不是赚钱，而是你要让大家相信你在股市上挣过大钱，让大家相信你挣得越多越好。"

金融掘金术的极致是"金融工程"。1929 年，在金融危机中失业的一批物理学家，穷极无聊地把物理学方法嫁接到金融学上，创造了所谓的"金融工程"。他们一开始就相信金融市场中存在着一种模式，就像数理模型那样，是科学的且行之有效的，一旦研究出这种模式（或者创造出这个数理模型），就一定能帮助他们在金融市场中赚大钱。

1997年诺贝尔经济学奖得主默顿（Robert Merton）和舒尔茨（Myron Schols），遵循"金融工程"的思想，创立了长期资本基金，没几年就破产了。默顿曾为此痛心疾首："我们的模型没有错，是世界错了。"

人性和人心是计算不出来的，而风险就暗藏其中。

金融市场中翻腾的最高境界是什么？只赚不赔，永远赚钱，其要诀是只玩别人的钱。巴菲特、彼得·林奇、索罗斯和罗杰斯这些金融大鳄，每年收入上亿，甚至几十亿美金。他们成了"股神"。他们还在玩自己腰包里的钱吗？早就不玩了。他们是在"帮"别人"做投资"。就像医生给别人开刀淡定得很，如果手术台上是他的老婆，马上手抖脚软。

"踩噪音"的赌徒们

我们在与银行经理、保险推销员以及证券公司的投资顾问打交道时，总会有这种经历：对方实际上并没有撒谎，但是在谈话中有意识的遣词造句，使你相信了一些并不真实的事情。

尽管大部分人确实都竭尽全力不去撒谎，但很多人却很乐于

让别人上当受骗。

——哈佛商学院关于"职业欺诈"的看法

哈佛大学基金管理公司的前总裁杰克·迈耶（Jack Meyer）在业内成绩骄人。他在 2004 年对美国《商业周刊》记者发表谈话说："整个投资行业就是一个大骗局。大多数人以为他们能找到高水平的基金经理来为他们理财。而我认为 85%~90% 的基金经理所做的投资是跑输大市的。扣除费用之后，他们才是来摧毁投资者财富的。"

基金经理大都很敬业，智商非常高，但作为一个整体，他们不创造社会价值，也不为基民们创造价值。他们频繁买卖股票，只是在给券商贡献佣金收入，肥了税务局。

欧美各国政府都会立法规定两件事：投资公司要标示"历史业绩不代表未来业绩"，烟草公司要标示"吸烟有害健康"。

1. 自信对投资有害

经济人多数时候是不理性的，总会抱着没来由的自信。有机构在美国做过一个样本很大的问卷调查，结果显示：19% 的人确信自己属于美国收入最高的 1% 的群体。

中国投资者主要以散户为主，而且都很自信，相信自己比大多数人聪明，能够管理好自己名下的金融资产。中国股民的队伍之庞大（数量过亿）可以说是世界第八大奇迹，中外观察家们对此理解为"中国人生性爱赌"。

投资本来是一件愉快的事情，小赌怡情，大赌伤身。

一轮牛市和一轮熊市的区别不在于挣钱的多少，而在于赔钱的多少而已。就历史经验看，牛市赚钱的人也不会超过 30%。

因为股市是个零和游戏，你挣的就是别人赔的。"麻将理论"告诉我们，"一卷三"的游戏是可持续的，而"三卷一"的是不可持续的。通俗点讲，一个人挣三个人的钱是可能的，而且是可行的，而反过来是不可能的、不可行的。因为马上就会出现"三缺一"，三个人都挣一个人赔，这个人就会出局，游戏就结束了。

不管熊市还是牛市，赔钱的永远是大多数。大牛市尽管能带来"赚钱效应（机会）"，但也并不表示你最终能赚到钱，更多的人是坐电梯，上上下下地享受而已。

2. 大家都在闭着眼睛做投资

美国很多基金经理都承认，自己对 90% 以上的上市公司完全不了解，只是在极少数公司里战战兢兢地寻找投资机会。这些被选中的行业必须简单，企业的业务必须很清楚，负债很少，现金流强劲，分红也不错。

普通股民则是无知者无畏。99% 的中国股民不能直接接触上市公司，有机会接触上市公司的金融机构，会有技巧地散布上市公司的信息，甚至可能误导视听。

比如，发现一家上市公司拥有已经探明的储量为 2 亿吨的锑矿，有关金融机构就会按当前市价 10 万元 / 吨计算其价值为 20 亿元，这就相当于画了一个大饼，给上市公司的股价提供了上行的想象空间。也许这是事实，但是他们肯定不会讲明另外一个事实：锑的开采成本很高，可能未来

20 年，这 20 亿都不可能真正成为公司的利润。换言之，所谓的锑概念，对公司 3~5 年的盈利贡献很小。

成熟的投资者最看重的，是金融机构提供给他们的投资思想和投资思路，因为这两者能够启发投资者的思维。

长期看来，很多消息、新闻和数据都是噪音，投资者要以静制动，分辨清楚是否有一个绝好的机会或者巨大的风险已经潜入你的资产组合之中。

第二章

隐蔽在历史角落的『股神』真相

本杰明·格雷厄姆是现代证券分析行业的开山鼻祖，也是巴菲特的精神导师。他到晚年（1976年）开始对证券分析的作用产生了极大怀疑。他对记者们说："我不再鼓励大家研究股票。四十年前（即20世纪30年代），到处是便宜股票，因此，证券分析让很多人大获其利。而今天，每个股票都被大量懂行的人反复研究过，不再值得花费人力物力去研究了。"如果格雷厄姆今天还健在，不知他会对当今的投资行业作何评价。

格雷厄姆："我很难再信仰价值投资"

　　格雷厄姆1894年出生于伦敦，1岁时就随父母迁往纽约，没几年，格雷厄姆的父亲就去世了。格雷厄姆13岁那年，他的母亲多拉突然心血来潮，开设了一个结余账户，买进少量的美国钢铁公司股票。一个单亲家庭的无业妇女都拿着微薄的家底去股市折腾，说明这个市场肯定出问题了。果不其然，股票市场先是在过度投机的刺激下暴涨，然后受到货币紧缩的限制最终走向了崩溃：在22个月中，市场价值损失近半。

　　1907年那次著名的大恐慌使多拉的小账户分文不剩，还让她原本就很少的积蓄受到了更多损失，甚至还欠了债。尽管市场到1909年就完全恢复了，但是这对多拉这样的小散户而言是毫无用处的，因为她们无力坚持到这个时候。多年后格雷厄姆创立的"价值投资"理论与其说是为了赚钱，还不如说是为了尽可能地少赔钱。这大概是幼年股市经历给他留下的阴影。

危机之后，格雷厄姆家的生存状况越发艰难，不过千金难买少年贫，物质的匮乏更能激起人对金钱的欲望，格雷厄姆很早就对华尔街产生了极大的兴趣。

格雷厄姆毕业后本可以获得一份哥伦比亚大学的教职，但他对华尔街的那些数字心驰神往，尤其沉迷于研究政府发布的统计数据和上市公司的年度报告。在他看来，这些信息对投资决策是极有用的，简直就是一座金山。正是在本杰明·格雷厄姆的不懈钻研下，一个在20世纪30年代才被正式命名的领域——证券分析——诞生了。

"上市公司年度报告"19世纪90年代就已出现了，但是，由于它最初主要受银行家们的推动，所以这些报告并没有为投资者们提供太多有用

的信息。相反，这些报告的重点往往是银行家们最关注的东西——贷款信用。

如果总是做显而易见或大家都在做的事情，你就赚不到钱。对于理性投资，精神态度比技巧更重要。

格雷厄姆很快就出了名——他是能从一堆数字中看出公司价值的人。1916 年，古根海姆家族集团（一个工业家及慈善家家族，该家族捐助建立了纽约古根海姆现代艺术博物馆）决定将古根海姆勘探公司清盘，出售价为每股 68.88 美元。格雷厄姆注意到这家公司的大部分资产是其持有的其他上市公司的股份，他对该公司的固定资产作了最保守的估价，发现其每股净资产至少应为 76.23 美元，这意味着投资该公司至少有 10% 的利润保证。格雷厄姆自己没有足够多的钱来投资，于是他就把这个信息告诉其他人，并收取他们投资收益的 20% 作为报酬。

20 世纪 20 年代早期，格雷厄姆发现杜邦公司的股票市值竟然低于杜邦旗下通用汽车公司的股票市值（杜邦一直是通用汽车的大股东，一直到 20 世纪 50 年代的反托拉斯运动中，才被迫卖出了它所拥有的通用汽车股票）。杜邦还拥有除通用汽车以外的其他很多资产，所以这一现象表明，市场不是大大低估了杜邦的股票价值，就是大大高估了通用汽车的股票价值。但究竟是哪一种情况呢？

格雷厄姆不需要知道，他只需要买入杜邦股票，同时卖空同等数量的通用汽车股票，然后耐心等待市场认识自己的错误。**卖空**，是荷兰人最早发明的股市操纵术，指卖出自己并不拥有的股票，希望在股价下跌后购回以赚取差价。而当市场最终自我修正时，杜邦股价大幅上扬，与此同时，通用汽车的股价仍保持稳定。这使格雷厄姆得以在通用汽车股票上毫发无伤地平仓，同时在杜邦股票上狠赚了一笔。

后世不少股评人士和经济学家对格雷厄姆这段市场经历津津乐道，说这次投资运作充分展示了格雷厄姆高妙的投资技巧——找到价值被低估的股票进行投资，然后等待市场醒悟过来。

股市疯狂的年代成就了格雷厄姆，这属于时势造英雄。1927~1929年美国金融市场最大的时势就是美联储的无所作为。它将贴现率（**贴现率政策**是西方国家的主要货币政策：中央银行通过变动贴现率来调节货币供给量和利息率，从而促使经济扩张或收缩）一直保持在5%的水平，更可怕的是，它允许银行用美联储提供的资金注入到本已狂热的投机行为中去——美联储成员银行从美联储贴现窗口以5%的利率借出资金，然后倒手以12%的利率借给经纪人，经纪人随后一转身又以20%的利率贷给投资者。这样，数以亿计的资金沿着这条渠道源源不断地涌入华尔街，而美联储所做的，只是试图用"道义劝告"去阻止这股洪流。

在1914~1929年美国股市的投资狂潮中，整个美国都为股市行情激动着。美国到处是一片经济繁荣的景象，股市经历十多年之久的大牛市后，居民们热衷于谈论和参与股票交易活动，人们沉浸在一片乐观的投资氛围中。人人都知道繁荣之后必定是萧条，但是人人都有着无比的信心：

通用汽车公司总裁激动地说："人人都会富裕，我们每个人都是股东。"

财政部长向美国人民保证："这一繁荣的景象还将持续下去。"

美国总统胡佛壮志豪情地说："我们正处在取得对贫困战争决定性胜利的前夜，贫民窟即将从美国消失！"

连最负盛名的经济学家、耶鲁大学教授欧文·费雪都在《纽约时报》头条保证："我认为股票价格还很低。"

…………

费雪发表声明两天后，世纪大股灾降临美国。

公元1929年10月24日，人类历史上迄今最惨烈的股灾来了，史称"黑色星期四"。纽约证券交易所的1000多名会员全都到场，这是平时从来没有过的。上午11:00，股市陷入了疯狂下跌的境况，人们竞相抛盘。到了11:30，股市已经狂跌不止。

1929年10月29日，星期二。

这一天没有人再能挽救华尔街了，当天道琼斯指数已从最高点381点顿挫至298点。人们竞相抛售股票。当天收市，股市创出了1641万股的天量历史纪录，自动报价机打出的纸带超过1.5万英里，直到闭市后4个小时才打完。

从1929年10月到1932年大萧条的谷底，道琼斯工业平均指数缩水了90%。

在这次股灾中，众多美国中产阶级家庭一夜之间沦为赤贫，胡佛总统将要面对更多的贫民窟。那位欧文·费雪大师也挺倒霉，赔光了本金不说，还欠了一屁股债，幸好耶鲁大学很关照他，把他的房子买了下来，再转租给他，这才避免了债主上门逼债把教授赶出门的窘境。

1929 年的道琼斯指数虽然经历了市场崩盘，但由于年初上涨了很多，所以全年的整体跌幅只有 15%，而格雷厄姆管理的基金却跌了 20%。第二年，格雷厄姆以为熊市已经结束了，就实施了一项激进的投资策略，事后证明这是他职业生涯中最大的败笔。1930 年，道琼斯指数下跌了 29%，而格雷厄姆管理的基金却跌了惊人的 50%，已经接近破产边缘。

基金经理是当时美国社会一大不稳定因素，一个格雷厄姆栽了跟头，会让大批富人跟着倒霉。有一位叫鲍勃·马罗尼的大款，坚信格雷厄姆就是股神，把上百万身家全放到格雷厄姆这儿让其投资。等马罗尼急需用这笔钱还债时，格雷厄姆告诉马罗尼，您这钱基本已经没了。马罗尼是一位爱尔兰铁血硬汉，但当时直接崩溃了，泪如雨下，一度失控……其他客户也纷纷后悔相信了格雷厄姆，纷纷把钱撤走了。格雷厄姆面临没钱可管的局面，公司只得关门大吉。

股市是一个"造神"的地方，也是一个"毁神"的处所，不管你这个"神"的法力多高，曾经吃过多少"仙药"，一旦遭遇风云突变，成王败寇也就一瞬间。

你赚钱的时候，是大师，是股神；赔钱的时候，就是"伪大师"，就是骗子。时过境迁，此刻谁要再说格雷厄姆是股神、是大师，那指定是在骂他。就在格雷厄姆还在焦虑地思考未来的出路时，就已经有人按捺不住了，各种恶毒攻讦不期而至——不是我不明白，是这世界变化太快！

伟大的成就往往是熬出来的。熬到1934年，格雷厄姆的戏剧人生总算出现大逆转，他在悲愤之余写下的《证券分析》广受欢迎，成了顶级财经畅销书。（直到今天，这本书还能登上多国的财经畅销书排行榜。）大师到处签名售书，版税在当时可是天文数字。

而在投资上，格雷厄姆也突然时来运转，格雷厄姆的时代降临了！

美股即将迎来触底反弹乃至反转，由于此前的股灾已将多数投资人清理出局，格雷厄姆成了少数有本钱抄底的人（得益于那笔天价版税）。很快，他就将自己在大股灾前后损失的所有钱都赚回来了。

不过，此次格雷厄姆的东山再起并非源于他的"顿悟"，直白点讲，并非《证券分析》里的投资方法让他取得了超额的收益。真相是:《证券分析》的版税收入太惊人了，抄底的本钱多，而且后续版税收入源源不断（还能拿去抄底），有这样的流动资金优势，他只需要实现一个很一般的投资收益率，就能获取绝对数额上的巨大赢利。

此后格雷厄姆抖擞精神，再接再厉，又写出了《财务报表解读》和《聪明的投资人》两本书，毫无疑问，都成了畅销书，都获得了高版税。与之同时，格雷厄姆大师的个人声望更是直线上升，那些崇拜者纷纷将资金投入格雷厄姆—纽曼公司，交由格雷厄姆打理。

…………

退休以后，格雷厄姆又去加利福尼亚大学洛杉矶分校执教，研读古典文学，撰写金融著作，生活逐渐归于平淡。大师也慢慢地把世俗功利看淡了，他在慈善事业上投入很多，有时甚至会有些极端："任何人、名下有超过 100 万美元财产的人都是十足的傻瓜！"

在那段闲适的岁月中，格雷厄姆尽量避免预测市场，他总是全面分析各种可能性，提出各种可能的趋势，但同时认为，无法预测的事随时可能发生。格雷厄姆在《商业和金融年鉴》上发表的文章指出："丹麦摄影家基柯加德曾经说过，评判生活要向后看，而真正地享受生活却要向前看。这句话放在股市上也是千真万确的。"

格雷厄姆坦诚告诫世人："我不再坚持通过证券分析来寻找优越的价值投资机会的观点。尽管在 40 年前，这对于投资股市绝对是非常有益的，但今天的市场形势已经与以往大不相同。以前一个受过良好教育的证券分析师可以通过详细的研究，轻而易举地找到被市场低估的股票；今天仍然有不计其数的人在做着相同的事情，但是，他们能否让自己的努力不至于付之东流，能否找到真正的超额回报，以弥补与日俱增的成本，我对此持怀疑态度。"

1976 年，格雷厄姆在去世之前，曾接受过记者的采访，正是在那段采访中他发表了这个看法。创立了"价值投资"思想的人最后得出的居然是这样的论断，很值得我们去思考、反省。不过很遗憾，因着某些情况，这段话被刻意地隐藏起来了。

"证券分析"或许是有一定意义的，可是 1976 年格雷厄姆发现越来越多的人信仰价值投资，而这个时候的价值投资已经变成费心费力也赚不到钱的方法了。今天那些信奉、提倡价值投资的人完全不愿正视格雷厄姆的忠告，可能是出于某种执着的信念或某种利益的需要吧！

利弗莫尔："我终于从一无所有变为极端贫困"

我将主要精力放在了判断到底投资的是"什么股市"上面。

无论大幅波动的首次冲击会带来什么，它的持续性都不是资本家投资或通过诡计操纵的结果，而是依靠基本条件产生的。无论谁想抗衡，只要推动力允许，它都会不可避免地产生广泛、快速、持续的影响。

只要条件具备，股市该是牛市就是牛市，该是熊市就是熊市，谁也无法阻挡，因此，每个想赚钱的人必须评估当下的条件。

——《股票作手回忆录》

杰西·利弗莫尔出生于美国一个贫困的农民家庭，没怎么读书，14岁时他离家前往波士顿，在一家股票经纪公司做报单、记账工作，周薪3美元。

在繁忙的日常交易结束后，利弗莫尔开始思考白天从市场中观察到的股价波动情况，过了一段时间，他逐渐对股票市场价格变化的韵律有了深刻的领悟。

1906年是利弗莫尔人生中最灿烂的一年，起初他发现太平洋联合公司可能有问题，于是他做空了这只股票。1906年4月18

日旧金山发生大地震，太平洋联合股票三天后彻底崩盘，重仓做空这只股票的利弗莫尔一把就赚进了25万美元。

甚为难得的是，利弗莫尔在早期交易中，好几次陷入破产边缘，最后却反败为胜，重新崛起。尤其是1910年的那一次，因为在棉花交易中的失误，他不但把自己的几百万美元全部赔光，而且债台高筑，被人误解、被人逼债。而随后几年的市场行情又非常清淡，没有交易机会。利弗莫尔陷入了困境，几乎不名一文，身体、精神都遭受了巨大的打击。但是他没有倒下，凭着顽强的意志和信心，利弗莫尔从失败的阴影中走出来，继续等待时机。

1929年，美国华尔街股市从最高的381点开始大崩溃，格雷厄姆因此倾家荡产，利弗莫尔则顺势做空市场，据说赚到了上亿美元。

利弗莫尔深切地理解了市场的趋势与人心的动荡，即使今天读他的著作《股票作手回忆录》，再据此检视当下的市场，我们依然能感觉似曾相识。

格雷厄姆的不朽著作《证券分析》被视为投资者的圣经，而利弗莫尔的自传《股票作手回忆录》则是投机者的航海图。

利弗莫尔尤其强调投机者的精神态度，包括投机者对待金钱的态度；如何看待交易时的亏损和赢利；在长线交易中，投机者如何从心理上做好市场短期大幅回调的准备，坚定持仓信念；在市场趋势没有明显的反转信号出来以前，投机者如何处理手中赢利的交易；为什么投机者常常喜欢盲目而频繁地交易；为什么投机者对内幕消息乐此不疲；等等。

多年来享受华尔街"投机之王"美誉的杰西·利弗莫尔，也只是"幸存者游戏"中的暂时赢家。诅咒不会绕过任何幸运的投机者，利弗莫尔也不例外。

"经过个人奋斗，我终于从一无所有转为极端贫穷。"

1940年年底，在一家俱乐部里，人们见到利弗莫尔神色落寞、沉默寡言，没过多久，"砰"的一声枪响，利弗莫尔自杀身亡。至于死因，一说是因为穷困潦倒，一说是因其妻子不忠，加上罹患了抑郁症。利弗莫尔死时留有一张纸条，上面写着一句意味深长的话："我的一生是个失败！"

利弗莫尔曾经不止一次强调，他是把投机活动作为毕生事业追求的人，从某种意义上说，投机就是他生命的全部。悲剧正源于此。

利弗莫尔过度相信自己深刻的交易思想和无与伦比的市场洞察力，他认为这两者能够让他在股市上获得持久的成功。这其实是一个陷阱，一个他自己构筑的人生陷阱。他对投机事业的狂热和痴迷，在一定程度上，使他背离了生活本身最真实、最基本的现实性一面，背离了"人首先得活着"这个最基本的常识。

投机活动并不是生活的全部，投机成功只是人生幸福的一部分。而在利弗莫尔的世界里，他无意中把投机活动的输赢视为他全部生命的意义所在，生活一下子就变得狭隘了，他眼中的世界也被禁锢了。一旦投机失败，就意味着他人生的彻底失败。

1930 年，利弗莫尔的人生和投机事业到了顶峰，从此，他就开始走下坡路了。

1931 年，他的半数财产消失不见了。

1933 年，剩下的另一半也不见了。

利弗莫尔在一些几乎是必胜无疑的生意上，输掉了大约 3000 万美元。

…………

今天股市中的投机者奉行的金科玉律至少有一半源于《股票作手回忆

录》。历史真的很奇妙，人们总是相信那些对自己有利的东西，不管是信利弗莫尔还是信巴菲特。

威廉·江恩："唯一的全胜交易员"靠写书赚钱

> 这一行需要穷苦的聪明人，要够饥渴，还要冷血，有输有赢，但要一直奋战下去，若你需要朋友，那就养条狗吧。外面的世界是场近身战。
>
> ——《华尔街：金钱永不眠》

金融市场除了激烈的资金博弈，也是大众认知的"战场"。为什么国内大多数投资者都蒙受亏损？为什么他们会深陷"外国大师""外国经典理论"造就的重重陷阱？

"经典理论"无非是教投资者做两件事情：第一，找寻潜力牛股；第二，预测大盘走势。

所有预测股市的大师级人物之中，威廉·江恩最为著名。此人奠定了证券技术分析的理论基础，他声称自己"从《圣经》中得到投资的真理"。

　　威廉·江恩1878年6月6日出生于美国德克萨斯州的一个爱尔兰移民家庭，在浓厚的基督教循道会的背景下长大。江恩是极为虔诚的基督教徒，他熟读《圣经》，宣称在《圣经》中发现了市场循环理论，并据此预测证券行情，准确率高达85%以上。

　　1909年，江恩的交易技巧引起了人们的注意，《股票行情和投资文摘》杂志对他进行了专访，在受到严格监视的25个交易日里，江恩因为使本金增值了10倍而名声大噪。

　　江恩所使用的分析技术和方法极其神秘，是以古老数学、几何和星象学为基础的。他坚信金融市场存在着宇宙中的自然法则。股价运动方式不是杂乱无章的，而是可以预测的。每一种股票都拥有一个独特的波动率，它主宰着市场价位的升跌。他认为，时间是决定市场走势的最重要因素，历史确实在重复发生，你了解过去，就可以预测将来。正如《圣经》所说："阳光之下没有新的东西。"

然而，他的理论从未有人清楚掌握，江恩理论被人们敬佩的多，能掌握的人少。

1919 年江恩辞去工作，开始了自己的咨询和出版事业，出版了《供需通讯》。这里的"通讯"既包括股票也包括商业信息，并且能给读者提供每年的市场走势预测，这些预测的准确性很高，也使得江恩成了当时最有魅力的投资家。

此后江恩全身心地投入到了证券事业里，但和巴菲特专注于交易不同，他更热衷于收费讲课，也就是说，他是靠嘴巴赚钱的。和现今国内的"股评"差不多，当年江恩经常举办股票讲座，而且参加为期一周的股票讲座需要交 5000 美元的学费，在 20 世纪早期这是天文数字。尽管如此，有时也有高达 30 人参加。参加讲座是否有收获无从得知，但是听众肯定身心愉快，因为讲座一般在海滩的高级酒店里进行，并安排有娱乐活动。

1955 年江恩发现胃癌已到晚期，医生为他动过手术，但江恩并没有恢复过来，于当年 6 月去世，享年 77 岁。传言江恩留下了 5000 万美元的巨额遗产，但他的儿子却表示父亲无法靠股票交易维持家人的生活，主要依靠讲授交易技巧和写作为生，真实遗产少得可怜，连 5000 万美元的零头都不到。

　　江恩在交易中运用他的神奇理论并不成功，但 45 年的投资经历还是留下了一些可供参考的经验。他著述颇丰，手稿之多让人啧啧称奇，人们不得不找来一辆卡车才把手稿运走。

第三章

巴菲特的『金融炼金术』：只能看，不能学

据说，巴菲特 25 岁时以 14 万美元起家，经过五十多年的证券和企业投资，财富实现了滚雪球式的增长，在他 80 岁的时候已经拥有 600 多亿美元的个人财富。巴菲特真正的伟大之处在于，他年轻的时候想明白了许多事情，然后用一生的岁月来坚守："投资不需要高等数学，只需要常识和智慧。"

巴菲特不会告诉你投资有多难

> 我从来不曾见过任何人，会在 10 年之后逐渐皈依（价值投资）这种方法。它似乎和智商或者学术训练无关。它是顿悟，否则就是拒绝。
>
> ——沃伦·巴菲特

巴菲特住在美国的郊区，请客最常去的地方是肯德基，平时就穿牛仔裤。巴菲特从来不看电脑，虽然用手机，但几乎不发短信，因为他不会。他买股票，从来不会去华尔街获取信息，也看不懂 K 线图。他只关注公司是干什么的以及公司的"护城河"有多宽。

巴菲特从不说自己赚钱的方法，倒是众多分析师和基金经理都说自己走的是"巴菲特路线"。国内投资界的话语权已被"价值投资"垄断了。

市场最怕同质化程度过高。1987 年的美国股灾很大程度上就是因为很多公司的交易模式相似，当出货信号出现时，大家抢着逃跑。所以，鼓励市场上方法论和投资理念多元化，一直是美国金融界的潜规则。

通过金钱就可以控制美国的报纸、金融企业和其他有影响力的机构。巴菲特所谓"永久持股"、决不抛出的"伟大公司"主要有四家，分别是《华盛顿邮报》、政府雇员保险公司、美国广播公司和可口可乐公司。其中，两家是媒体股，一家是金融企业，另一家是消费垄断型企业，是美国文化与生活方式的象征。巴菲特曾经在伯克希尔公司的股东大会上直言："像《纽约时报》这样的媒体，它既能够树立威望，也能远播臭名，因为媒体可以为自己建立政治与经济声望，也可以让竞争对手名誉扫地。"可见巴菲特多么重视经营与媒体的关系。

书店里流行的"巴菲特投资理论"主要来源于巴菲特历年来写给股东的信以及相关演讲。巴菲特的讲话常常被评论为兼具商业智慧与幽默。在每一年由巴菲特主持的公司股东大会上，世界各地慕名前来的与会者就达到两万多人。在这场盛大的股东大会上发表过的巴菲特准备好的公司年报和致股东的信中，穿插着文学典故和《圣经》中的话，以及数不清的警句和笑话，因此这些文字经常被财经媒体引用。

媒体也乐于歌颂巴菲特节俭的美德，并拿他与华尔街掠夺成性的银行家的奢侈生活加以对比——因为他是世界上最富有的人，却依然住在多年前购买的不大的房子里，当时他只花费了 31500 美元，房子的市价最高也不过 70 万美元。尽管后来他在加利福尼亚的拉古纳比奇购买了一栋价值 400 万美元的别墅，媒体却"懒得加以报道"——与他几百亿美元的身家比起来，400 万美元算得了什么？他的公众形象无可挑剔。

他与华尔街金融大鳄及其他公司 CEO 的区别，就是他不奢侈。美国太需要一个道德典范了。再加上巴菲特已将85%的公司股份捐给了比尔·盖茨的慈善基金，公众对他的信任就更是前所未有，他真的就像"神"那样被捧上了神坛。

至少字面上而言，价值投资是"简单易懂"的，但如果说"投资简单"，那就以偏概全了。巴菲特自己获得了极大的成功，但对多数市场参与者（主要是机构）来说，投资绝非那么简单。

资本市场的一个重要属性就是：你可以成功，但不可以失败，在资本的放大下，失败通常是毁灭性的。著名的对冲基金长期资本管理公司（LTCM）就是最鲜活的例子。

LTCM掌门人梅里韦瑟被誉为能"点石成金"的华尔街债务套利之父。他聚集了一批华尔街证券交易领域的精英，其中包括：1997年诺贝尔经济学奖得主默顿和舒尔茨（他们因期权定价公式而荣获桂冠）；前财政部副部长及联储副主席莫里斯；前所罗门兄弟公司债券交易部主管罗森菲尔德。这个精英团队荟萃了职业巨星、公关明星和学术巨人，真可谓一个"梦幻组合"。

可是当1998年LTCM陷入困境时，公司高管四处求救，巴菲特、高盛、摩根、美林都在他们的求救之列。其中，高盛表示，有重组意向，但需要先查账，了解LTCM的持仓结构。人家要重组你、拯救你，看看你的仓位也是有必要的，身处困境的LTCM就老老实实地让高盛查账。

在获悉LTCM的持仓结构后，高盛做的第一件事就是：查出自己持有的哪些合约与LTCM的仓位一致，并全面抛售。

如此落井下石，狠毒之极！

其间，LTCM 苦苦哀求过巴菲特——就是伟大的"股神"巴菲特，一直视 LTCM 的呼救为无物的巴菲特在最后一刻，才突然提出早已准备好的重组协议，其协议之刻薄，让 LTCM 根本无法接受。

巴菲特本质上是个商人，当然唯利是图了，如果不能实现"双赢"，你猜他会怎么做？对的，他也会落井下石。

我们眼中的"股神"可能只是幻象

人们读到的"巴菲特"不是真的巴菲特，人们眼中的"股神"可能只是幻象。

不要痴迷于从阅读成功人士的传记中寻找经验，那些书大部分经过精心包装，很多重要的事实不会向你透露。

盖茨的书不会告诉你，他母亲是 IBM 董事，是她促成了儿子的第一单生意。

巴菲特的书只会告诉你，他 8 岁就知道去参观纽交所，但不会告诉你的是，是他当国会议员的父亲带他去的，并且是由高盛董事接待的。千万记住，每个成功人士的背后，都会有一些不可示人的秘密。

巴菲特选股经常看走眼，套牢、割肉也是常事，水平并不比普通散户高多少——如果没有特权的话。特权是巴菲特的财富之源，"股神"真正的独门绝技是控制公司的管理层，辗转腾挪让公司起死回生。

比如，1987年9月所罗门兄弟公司（华尔街著名投资银行，现属花旗集团）遭到恶意收购，为了能够有效反击，所罗门兄弟公司希望巴菲特来充当"白马骑士"（白马骑士是一种反收购方法，就是让巴菲特充当正义的使者购买公司股份，和所罗门兄弟公司一起抵制恶意收购）。

巴菲特终归是生意人，没有"钱景"的事是不会干的。所罗门兄弟公司同意开给巴菲特一个很吸引人的条件——发行一笔7亿美元、股息为9%的优先股股票。这绝对是个好买卖，意味着投入7亿美元之后，每年仅是免税的股息就有6300万美元。而且巴菲特在未来9年内还随时可以用38美元的价格购买所罗门兄弟公司股票并趁机捞上一笔。这几乎是稳赚的买卖，只有巴菲特这种大鳄能享受这个特权，普通投资者是绝对碰不到这种好事的。

消息一出，另一家金融巨头美国国际公司（AIG）几乎惊呆了，脱口而出的评价是，"所罗门兄弟公司简直是在巴结巴菲特"——巴菲特由于其在资金和人脉上的优势，一直都是交易对象争相巴结的目标，他也因此赚了不少钱。

和所罗门兄弟公司的交易如此稳当，但还是出了问题，可见投资有多难！

巴菲特轻松收了几年股息之后，1991年，所罗门兄弟公司出事了。在美国的国债市场发生了所罗门兄弟公司违规投标国债事件，这一丑闻使长期雄霸美国债券市场的所罗门兄弟公司受到致命打击，金融帝国面临崩溃。

即使是最专业的投资人遇到这种事情，也只能自认倒霉。但巴菲特却要直接担任公司总裁，并出面找政府官员交涉，最后大事化小，通过支付大额罚款保住了所罗门兄弟公司承销资格，令其没有丧失市场地位。次年，担任了 9 个月的公司总裁之后，巴菲特辞职了。所罗门兄弟公司股价比巴菲特就职之前足足涨了 30% 多。

这可不是一般的"坐庄"，一般"庄家"哪有这道行？

仔细审视这段往事，不免让人生疑，投资理念、操作技巧这类东西经得起考验吗？价值投资理论再好，没有"特权"护航，也很难找到安全感！

路透社专栏对此发表评论称："巴菲特的成功神话基本是虚构的，他的财富主要来源于纳税人。要不是政府出手营救他投资的一些企业，巴菲特就赔惨了……巴菲特本可以利用自己独特的身份大力倡导更好的公共政策，可他最终还是决定用其强大的政治资本保护自己的投资。"

2008 年下半年，金融海啸肆虐之际，掠食的机会又来了，这次倒霉的是高盛。9 月 23 日，也就是高盛宣布转成银行控股公司的第二天——高盛做出这一决定是因为它面临巨额亏损，导致资金周转不灵——巴菲特向高盛伸出了"援手"，以 50 亿美元购得高盛的优先股，用另外 50 亿美元换取了高盛普通股的认股权证。

巴菲特之所以敢大胆出手，原因在于，他将对方的底牌看得一清二楚。

第一，"股神"通过层层关系，了解到政府将救助 AIG。只要 AIG 不出大问题，高盛就必将屹立不倒。果不其然，当 AIG 拿到 1800 亿美元的政府救助资金后，立刻赔偿了高盛 129 亿美元（高盛下了 40 亿美元的"赌注"卖空抵押贷款支持证券）。

第二，高盛也将从政府的救助资金里要到 100 亿美元。巴菲特深知，只要高盛缓过一口气，市场这块蛋糕还在，而分割蛋糕的霸主却少了，他就可以稳赚不赔。

转眼到了 2009 年 7 月，这期间，高盛股票的收盘价在每股 160 美元上下浮动。一年不到，"股神"就在此项投资上赚了 41 亿美元，100% 以上的回报。

"股神"毫不掩饰自己对高盛的信心："我和高盛的关系可以追溯到 1940 年……我关注这家公司很长时间了，我对高盛集团的状况和管理层的信心，超过华尔街其他任何公司，他们对市场时机的把握最为出色！"

当然，他如果不了解高盛与政府上层之间的关系，怎敢如此大胆下注？

"浮存金"的魔术

世界上股价最高的上市公司，是巴菲特经营的伯克希尔—哈撒韦，截至 2014 年年底，伯克希尔的股票价格已经超过 20 万美元。这么高昂的股价，凭什么？

不是因为业绩高增长，巴菲特只追求每年 10% 的业绩增长，有几年还达不到这个增长目标。这样缺乏追求，使得伯克希尔的股价一直缺乏爆发力。但长远来看，伯克希尔一直是业绩和股价平稳上升的长线牛股，稳定性高、风险小。

巴菲特习惯用"浮存金"指标判断一个公司的资本实力，浮存金就是廉价的负债。长期持续获得廉价的负债，将使企业在资本层面赢在起点。

> 巴菲特钻了美国法律的空子，用保险公司的钱去买股票，这是其核心秘密。保险资金很多年都不用赎回，没有还债压力，难怪巴菲特在股票下跌 50% 时还可以气定神闲，因为他根本不用考虑资金被套而拿走。
>
> ——一个私募基金经理的醒悟

巴菲特最偏爱保险业，这是很传统的一个行业，难以获得爆发式的业绩增长。巴菲特旗下至少拥有 10 家知名的保险公司，简直是一个大型保险帝国。

保险公司最吸引巴菲特的，是浮存金。财产及意外险保险公司预先接受保险费，事后支付索赔。在极端情况下，比如某些工人的事故赔偿金问题，会导致索赔支付期限长达几十年。这种"先收钱、后赔付"的模式使保险公司能够持有巨额现金（浮存金）。

"这些浮存金并不属于我们，最终将会进入别人的口袋里。但在持有期间，我们可以用这些浮存金进行投资。"

浮存金就是巴菲特可以暂时支配的"别人的钱"，但这个"暂时"可以是十几年甚至几十年，形同长期的"无息贷款"。

保险公司什么最难？不是精算，而是投资——这恰恰是巴菲特最擅长的。

当巴菲特发现一个好生意和好公司时，他的出发点是用合适的价钱把整个企业买下来，实现长期持有和增值。但巴菲特不介入企业管理，包括他 100% 控股企业的管理。他不是很在意所投资的公司能否在近几年实现平稳上涨。他的利益点是：做简单生意，年复一年地挤出"现金牛奶"。

比如，巴菲特多年前投资的可口可乐，他的持股比例超过 30%，已成为实际控制人。巴菲特不需要可口可乐追求业绩的高增长，关键点是，可口可乐能为巴菲特带来持续稳定的现金流，而股票投资的收益又转化为实业投资——以公用事业为主，同样是现金流充沛。

这样，即使在低增长甚至不增长的环境下，巴菲特依然能稳定赚大钱。

只要在正确的道路上，快慢并不重要。在巴菲特看来，做企业、做投资都是穷尽一生的跋涉，什么时候到达，只是时间问题。**时间是优秀企业的朋友，是坏企业的敌人**。

巴菲特从 20 世纪 60 年代开始投资美国运通公司，这最初是一家快递公司。在巴菲特持有运通股票的五十多年里，美国运通逐渐崛起为一家在信用卡、旅行支票领域占领先地位的金融公司。

巴菲特在美国运通还是一家小公司的时候，就非常喜欢其信用卡与旅行支票业务，并断言该公司具备难以被模仿的实力。美国运通其实是一家"非典型金融公司"。比如旅行支票，从购买到兑现有个时间差，在此期间，美国运通等于得到了一笔无息贷款，而且是现金。美国运通每天有超过 60 亿美元的"无息贷款"可供支配。经营旅行支票业务，只有微小的账面利润，但把 60 亿美元用于投资将带来非常大的回报。

巴菲特为什么能占银行便宜

资本市场的逻辑是"通胀无牛市"——通货膨胀导致生产资料上涨、人工成本上涨，店租厂租和企业税负都在上涨，而且政策防控通胀会导致银行利息上涨，企业经营成本因而大增，盈利普遍下降，所以上市公司的估值会受到影响，股价下挫。

巴菲特对于"通胀伤害股市"的论述更是精辟。他把美国 1964~1998 年这 34 年间的股市表现，分成两个 17 年：

1. 1964 年年底至 1981 年年底

道琼斯工业指数从 874 点上涨到 875 点，17 年时间居然只涨了 1 点。为何会这样？

因为通胀率太高（最高接近 20%），市场利率同样会上升——投资者和储户要求补偿购买力的下降。

$$真实利率＝市场利率—通货膨胀率$$

这里的"市场利率"主要指美国国债利率，1964 年年底，美国长期国债利率是 4.2%，1981 年年底已升至 13.65%。国债利率如此之高，投资者还有什么动力去买股票？

在长期高通胀的打击下，美国企业的 ROE（净资产收益率）节节下滑。

即使美国名义 GNP（国民生产总值）在这 17 年里增长了 373%，股市依然萎靡不振。

2.1981 年年底至 1998 年年底

道琼斯工业指数从 875 点上涨到 9181 点，17 年的时间里涨了 10 倍多。

在美联储主席保罗·沃尔克的强势货币政策治理下，美国经济虽然疲软了一段时期，但是通货膨胀得到了根治："打断了通胀的脊梁骨"。

在这 17 年里，美国名义 GNP 只增长了 177%，但是美国企业的收益率有很大提升，美国上市公司能实现较高的资本回报。

在持续通胀的情况下，企业遇到的最大挑战是成本上升。多数企业的产品售价也在上升，但它们的成本上升似乎更快。企业很多支出是刚性的，比如员工工资、店租厂租等，这些都只会涨不会跌。

巴菲特为何会青睐喜诗糖果、可口可乐和卡夫食品等食品饮料公司？因为这些公司都能很好地抵御通货膨胀，产品提价的速度永远比成本上升的速度快得多。

巴菲特说："评估一家企业时，唯一重要的决定性因素是定价能力。如果你有能力提价而业务不会流向竞争对手，你拥有的就是一家很好的企业。如果你在提价 10% 前还要祈祷，你拥有的就是一家糟糕的企业。"

通胀的形势，往往会进一步提升这类议价权很强的公司的利润。

巴菲特从来不会到银行存钱，他自己的钱全部买股票，个人消费全用银行的钱。巴菲特购买别墅、私人飞机，全找银行贷款，用股票作抵押。

没有哪家银行，会担心巴菲特还不了那点钱。

巴菲特抵押股票、借出现金——今年找银行借 1000 万，明年可能就要借 1200 万，他是不断地在借新还旧、还旧借新，实际上是只借钱、不还钱。

巴菲特已是富可敌国，为什么还要借债消费呢？

在巴菲特看来，美联储长期维持低利率，引发通货膨胀，实际上是在奖励像他这样的欠债者。通货膨胀、货币贬值，偏好储蓄的人的财富在缩水，而欠债的人的债务也在缩水。

美国在 20 世纪 70 年代曾发生过超级通货膨胀，年通胀率甚至达到 20%。高达 20% 的年通胀率，相当于帮债务人还了 20% 的债。

> 当通货膨胀来临时，货币实际价值每月都发生巨大的波动，所有构成资本主义坚实基础的、存在于债权人和债务人之间的永恒关系，都变得混乱不堪甚至几乎完全失去意义，获得财富的途径退化为赌博和靠运气。
>
> ——约翰·梅纳德·凯恩斯

不用说巴菲特，世界上很多企业主普遍倾向于借债消费。

在中国，越来越多的生意人在消费时选择了贷款的方式，尤其是透支额在 10 万元以上的信用卡，特别受这些有钱人的欢迎。在强大的市场需求下，银行有限的资金额度显得捉襟见肘。而多贷款、多用卡、少用现金，正在成为越来越多生意人的选择。

第四章

寻找牛股的游戏

公众投资者已经不敢对上市公司要求太高，上市公司能踏踏实实地做生意，不做假、不制造意外风险，投资者就谢天谢地了。

说起来令人难以置信，其实，顶尖的上市公司是可以给公众股东养老的。

一个美国老太太在退休时用 5000 美元退休金买入了可口可乐的股票，到自己去世时这部分股票已经增值到了上千万美元。

这个老掉牙的故事已经没有多少人愿意相信了。但是，不可否认，可口可乐几十年来带给公众股东稳定增长的投资回报，确实能够起到养老的效果。

能给股东"养老"的好股票

在香港股市，这类话题总离不开那个"任何时候买入都是对的、任何时候卖出都是犯蠢"的汇丰银行，这只股票改变了许多中小投资者的命运。

美国人都是从 30 多岁就开始谈论遗嘱，开始计划如何构筑自己的退休保障金。以前中国人可能会觉得这样不吉利或者很可笑，但如今我们逐渐意识到养老要靠我们自己。

我们生活在一个铺张浪费的时代。部分国家的政府负债累累，所以指望政府为大众提供养老之所需，已经变得越来越不可靠。

公务员和那些在国有企业端铁饭碗的人们，退休金好像有着落，但几十年以后的事总是有很大的不确定性：通货膨胀的上升和生活水平的普遍提高会使公务员和国企人员的退休金相对贬值。

人的寿命越来越长，医疗费用在不断攀升，而且"养儿防老"也越来越不现实了。

经商被认为是致富最可靠的路子。可是对于亿万大众来说，经商是不现实的，因为失败的概率太大，需要的资金也越来越多。

不管我们愿不愿意承认，股市和房地产正承担着一部分社会责任。社保基金很多年前就已经入市，而且获利不菲，"养老金入市"和"养老地产"的话题也时不时被媒体拿出来热炒。

"以房养老"理论上是可行的，不管将来房价能不能保持持续性的涨势，收租金是没问题的。但以房养老的前提是，房屋所有者没有欠下很多房贷。那些按揭买房的家庭，对未来的美好期望都是建立在收入持续增长、资产价格持续上升、永不失业、永不生大病的假设之上的。

股市如果要作为社保基金和养老金的一个增值渠道，也是有前提的，就是存在大量的优质上市公司，这才能确保入市者能获得稳定的资本回报率。

什么叫**资本回报率**？就是投入一元钱，一年后能带来多少回报。

$$资本回报率 ＝（净收入 － 税收）/（股东权益 ＋ 有息负债）$$

比如，我们投给苹果公司一美元，一年后能收到六十多美分的回报。所以，苹果公司非常珍惜自家公司的股权，不稀罕投资人的钱。苹果公司多次拿出几百亿美元回购自家股票。

投给微软公司一美元，十几年前的年回报有六十多美分，现在只剩三十多美分了。尽管也很不错，但回报率下滑的趋势已无法挽回，所以，比尔·盖茨不断地抛售自家股票。1986 年，比尔·盖茨持有微软近一半的股份，2014 年他的持股比例是 4%。

投给亚马逊公司一美元，一年后仅能获得五美分的回报，有时还会亏损。亚马逊的生意越做越大，而资本回报率始终不见提高，所以，华尔街一直对亚马逊爱恨交加。

…………

那么，中国企业的资本回报率是多少？普遍看法是：比美国企业低很多，大概只有美国企业的一半。

中国生产了全球 60% 的钢材，但是中国钢铁业全行业赚的钱不及必和必拓（澳大利亚铁矿石巨头）一家的利润；中国啤酒销售量世界第一，可全行业的利润只相当于一两家世界大型啤酒厂的利润。中国数百家上市公司的利润只有几百万或几千万元，相对于它们几十亿、几百亿元的总资产，利润率只有千分之几，还不及银行活期利率，这还不考虑其做账的因素。

哪怕在上证指数冲到 6000 点上方的 2007 年，中国上市公司的资本回报率也仅为 10%，而当年美国上市公司的平均运营资本回报率为 17%。

美国公司没有高速的业绩增长，但它们的毛利率很高，因此资本回报率也很高。IBM 这家创立于 1911 年的公司，竟能把销售毛利率从 2001 年的 37% 提高到 2011 年的 46.9%，百岁之年仍宝刀未老。宝洁、穆迪和箭牌等企业比 IBM 还年长，但毛利率仍相当高，宝洁常年保持在 50% 以上，穆迪的毛利率有 73%，箭牌也有 51%。

所以，美国上市公司能给本国的企业养老金提供大量投资增值的机会。美国的企业养老金机构，是美国股市最大的机构投资者。换句话说，美国的优质上市公司可以给美国退休者养老。

美国上市公司在资本回报率很高的情况下，间接承担着给公众股东赚养老金的责任。中国上市公司则承担了给地方政府创造 GDP、创造就业机会的责任，而想落实这部分责任，中国企业就必须要把摊子铺大，掌握更多的资源。

估值有那么重要吗

索罗斯在其著作《金融炼金术》中表示：在股票价格的变化和企业基本状况的变化之间，难以建立起任何稳定的相关关系，勉强建立起来的关系，无论何种都是人为的而非观察的结果。

股价走势与企业业绩增长之间是否存在必然的联系？索罗斯对此表示怀疑。

不论你投资的目的是想短期套利，还是想追求一个长期稳定的回报，投资人都必须清楚：资金的推动（长期或短期）才是最关键的，股票的估值水平（以及预期的成长性）只是资金介入时一个考量的方面而已，而且多数时候，估值并没起到决定性的作用。

美国《财智月刊》（Smart Money）杂志于 2011 年年底刊登一文《股票市场的行尸走肉》，文章指出：沃尔玛的利润每个季度都在上升，但是股价比十年前只高了 11%。思科（Cisco）的股价相比十年前还跌了 4%，虽然该公司的利润比十年前涨了 220%。制药巨头辉瑞、Merck、Amgen，全球领先的医疗科技公司 Medtronic，还有 IT 精英英特尔、微软，全球高端制造业的领军者 GE，传媒巨头时代华纳，等等，这些公司可都是世界上最大最好的公司啊！它们的股价都低于十年以前，尽管利润年复一年地在上升。这样的现实真是让人情何以堪啊！

标准普尔指数的 100 个大股票中，起码有 30 个股票属于这种"行尸走肉"，另外 11 个股票比十年前微涨，这还没扣除通胀的因素。股民多年来的提心吊胆算是义务劳动了。

股票的估值都是基于公司未来的盈利预期，先不管"预期"能否顺利实现，即使公司能够实现稳定增长，股价就一定有相应的涨幅吗？这确实令人怀疑。

况且，如果企业利润表可以被操纵，股票估值也是不可信的。很多公司在计划 IPO（首次公开募股）时，喜欢问证券公司的人："我的利润应该如何分配""今年应该入账多少""明年入账多少""后年入账多少"……他们想让利润实现连续几年的稳步增长。

那些昙花一现的公司，往往会发力推动"业绩大爆发"，以配合其股价走势。

上市公司管理层对于公司股价的波动，心态是很奇特、微妙的。如果公司 IPO 上市之后，股票下跌，他们会夸奖投资银行水平高，一上市就抓住了高点；如果股票上升了，他们反而会很不高兴，认为公司资产被贱卖了。

难道管理层对自己公司的真实价值心里没数吗？可是，在很多上市公司管理层看来，上市公司的估值或者股票价格是可以被无限高估的，因为股票市场和投资者有着无限的想象力。

上市公司都力求把利润"做得像个样子"，使投资者一开始就对自家公司有一个比较高的回报预期。

比如，房地产公司上市之前，会把当年能卖掉的房地产专案、投资物业全部卖掉。专案就是专门负责一个案场，在房地产行业，案场就是指一个楼盘。拟上市公司集中销售、做利润，会使公司的利润分布在时间上很不均衡，可能前年利润是 1 亿元，去年变成 5 亿元，今年变成 25 亿元，但今年上市以后，因为这家房地产公司把好项目都卖了，后续的开发没有跟上，导致上市后的第二年第三年，利润节节下滑。上市当年，如果按年利润 25 亿元进行估值，这家公司的市场价值可能达到数百亿元；上市后，利润下滑到正常水平，可能是三五亿元甚至更少，这家公司的市场价值可能只剩下几十亿元。市场价值从数百亿到几十亿，这中间的差值就是上市公司赚取的股民的钱。

再比如，汽车制造商上市之前，会和经销商进行"商业合作"。在上市当年需要更多收入的时候，把超过正常需要的库存从厂商转到经销商那里。到第二年年初，经销商寻找各种借口，如市场不好、服务问题等，要求退货。反正是赊账，不用付钱的，厂商也会半推半就地接收退货。商业上这叫"压货"，是上市公司制造收入常用的一种办法。

许多上市公司的崩溃，起因不是收入变少或者利润亏损，而是他们自己利用各种手段在财务报表上"赚取"了额外的收入和利润，干扰了股票的正常估值。

A 股市场正面临两种估值体系的碰撞：第一种估值体系是旧有的二级市场证券（金融）资本为主导的估值体系，或称价值投资，通常以市盈率和市净率来评估股票价值；第二种估值体系则是以产业资本为主导的估值体系，即市值估值法，或者称为重置估值法……重置估值法将会成为影响市场的主要力量。

行情稍有好转，"市场人士"就喜欢拿 PEG（动态市盈率）说事——这走的是传统估值（定价）路线。

PEG 指标是彼得·林奇（美国基金经理）发明的一个股票估值指标，是在 PE（市盈率＝股价 / 每股年度盈利）估值的基础上发展起来的，它弥补了 PE 对企业动态成长性估计的不足，其计算公式为：PEG ＝ PE/ 企业年盈利增长率。彼得·林奇选股就是挑那些低市盈率、高成长性的公司，此类公司的典型特点就是 PEG 指标非常低。

只要研读一些上市公司的资料，你就会发现，动态市盈率所依赖的盈利预测非常不靠谱，比如部分上市公司证券投资规模很大，投资收益随时会因股价的起伏而波动，而且公司管理层打算何时将"投资收益"兑现，谁拿得准？上市公司要是故意混淆主营收入和一次性收入，将一次性所得，比如路上捡了一大笔钱，记作日常经营收入，就会使人误解这种守株待兔的好事天天有。市场变幻莫测，就连公司核心高管也不敢说心中有数，更别说投资人了。

金融机构对股票的估值肯定会有臆测成分，股价虚高的情况在几乎所有股票上都曾有过，只是相对来说产业资本要"实诚"一些，起码在买股票时不玩虚的。

做企业出身的那一类人（即产业资本）最具实业家的眼光，他们一旦发现上市公司市值与企业实体价值之间已没有"流通溢价"，有的甚至还有折价，就绝对不会放过"攻击"的机会。

股票价格与实际每股净资产之间总会存在一个差值，股票一旦实现上市流通，人为的炒作，当然也有合理的增长预期在里面，会使股价要高于甚至远高于每股净资产，这个部分的溢价就是**流通溢价**。

产业资本决定是栖身资本市场还是投入实业，有一套系统的计算办法——托宾 Q 比率。**托宾 Q 比率**（Tobin's Q Ratio）是由诺贝尔经济学奖得主詹姆斯·托宾于 1969 年提出的，其计算公式为公司的市场价值 / 资产重置成本。**重置成本**就是重新构建这样一家企业所需要支出的各类显性和潜在的成本。

当托宾 Q < 1 时，购买现成的企业更便宜，产业资本就会减少实业投资，直接"杀入"资本市场。比如 2010 年地产股下跌得非常厉害，一些产业资本的智囊就会根据 PB（市净率）计算，假设把这家公司的资产都折现卖掉，得出一个数额，再拿着这个数额与当时的企业股价相比较。如果股价相对于折现价格有 30% 的折价，那么肯定会有产业资本介入。

这一计算方法多用于市场长期低迷之际，除了 2010 年地产股的低迷使得重置成本出现外，最令人津津乐道的无疑是 2008 年，水泥板块的龙头——海螺水泥大肆收购另外 7 家水泥类上市公司股票，总市值约 11.8 亿元。

就行业敏感度而言，产业资本有天然优势，它们显然更了解同行的情况和企业的运营情况，产业资本购买股票也更具有灵敏性。

证券投资，究竟赚了谁的钱

2012年5月，社交网站 Facebook（脸谱）上市第一天市场价值就超过 1000 亿美元。中国最赚钱的上市央企中石油、中石化的市场价值，换算成美元大概也在 1000 亿美元上下。当年，Facebook 的创始人马克·扎克伯格才 28 岁。

可是 Facebook 上市的第一个星期就很不走运，股价比发行价下跌了 16%。

股票有涨有跌，价格走势跌宕起伏，都是很正常的事。但那些在 Facebook 上赔了钱的投资者，心里有火，怀疑这里面有欺诈。

有些投资者开始追究公司和投资银行的责任，几桩官司拉开了序幕。个体投资者们抱怨的理由之一是，投行在 IPO 的前几天把调低了的利润预测透露给大的机构投资者，但是没有告诉散户投资者。这很不公平。

到底 Facebook 的利润怎样，没有谁比扎克伯格更清楚了。要是散户们总这样告来告去，对 Facebook 的声誉会是怎样的一种伤害？

其实，谁是谁非不重要，问题关键是，Facebook 的股价不能再跌了，只要股价能止跌回稳、反转向上，谁还有兴趣去打这个官司？

果然，2012 年年底，Facebook 的股价走势开始上扬，从每股 25 美元一路涨到每股 150 美元上下。这样大市值的股票，居然能在五年的时间里大涨 500%。好了，一切问题都解决了，之前的官司也不了了之。

巴菲特曾对股东说："我和我公司的 CEO 查理，不仅不知道我们公司明年赚多少钱，我们甚至不知道我们公司下一个季度赚多少钱。我们对那些能准确预测自己公司赚多少钱的 CEO 保持怀疑。如果他们经常能达到他们预测的利润目标，我们就会保持高度警惕，并开始减持他们公司的股票。"其实他是在说：那些人可能通过做假账迎合股民。

因此，如果有人跟你说，应该在什么时间或者什么价位买什么公司股票，他们不是骗子，就是靠佣金吃饭的股票经纪人，还有可能他们根本不知道自己在讲什么。其实，大多数情况是后者。

正因如此，全世界的投资银行从来都不会对他们评估的公司价值负责。不论是摩根士丹利，还是高盛，或是美林这些世界顶级的投资银行，在其编写的公司上市招股书的最上面，你都会发现一行小小的、很容易被人忽略的字眼："股票买卖，风险自负。"

股票的诞生，依赖于其所代表的企业资产，但股票一旦出生，脱离了母体，它就有了自己的生命（价格走势），不再完全依赖母体。

为什么上市公司要对股价暧昧不清的波动承担责任？

公司上市，确实是圈走了投资者的钱。投资者还得祈祷别遇到烂公司，很多烂公司做产品不行，频繁发股发债，对于它们来说，融资就是赚钱。

作为股民，究竟想赚谁的钱？如果想赚上市公司的钱，就必须选择那些长远看来有成长潜力的好公司，耐心等待它们成长。但是，国内投资者大多没有这个耐心，可能也不相信这种好公司的存在。大多数股民在费心琢磨，怎么赚其他股民的钱？

如果你想赚其他股民的钱，那么，你就必须学点投资心理学，或者学会打听消息，学会先人一步，着重分析短期的经济数据和公司的财务数据，以及猜测其他人对各种"短期局部事件"的反应。

如果你做短期，那就只能依靠比别人聪明或者幸运，因为公司的业务不能在短期有明显变化。我们每个人都以为自己比大多数人聪明，而实际上，我们就是"大多数人"。

股市在中长期并非零和游戏，或者零和博弈。好公司带给投资者的回报，会在一段时期后得以显现。

资本市场最根本的游戏规则是共赢，但是很多人将其视为博弈。90%的人认为市场的逻辑是博弈，但它实质上又不是市场最根本的逻辑；也许只有10%的人认为市场的根本逻辑是共赢。

一个符合根本逻辑的方法，只有少数人相信，最后只有少数人赚钱，这是很正常的。

股息也会说谎

对于欧美国家的投资人来说，他们可以通过长期投资"股息型股票"而赚到大钱——找到升值潜力在平均水平之上，股息支付安全有保障，且不断增长的股票，然后在合适的价格买入。

《华尔街日报》给出一个数据：从 1926 年到现在，在标准普尔 500 指数股票的总回报中，有 43% 来自股息。

监管层也希望 A 股市场有这样的回报，证监会前主席郭树清多次强调"鼓励和强化上市公司分红"，力图改变 A 股上市公司多年来重融资、轻回报，多集资、少分红的状况。

证监会曾给出一个数据：2001~2012 年间，A 股市场累计成交 280 万亿元，券商从中赚取的佣金超过 5000 亿元，政府从中收取了近 5500 亿元的印花税，而上市公司的现金分红累计只有 7500 亿元左右。也就是说，A 股投资者从上市公司拿到的现金回报，还没有买卖股票的交易成本（佣金＋印花税）多。

可是，现金分红对上市公司和投资人是不是真有好处呢？

在中国股市，一只股票是否具备投资价值，投资者愿不愿意买入并持有，与其分红比例的大小没有必然联系。相反，股票分红越多往往越糟糕。

比如，有两只股票每年的利润率都是 50%，每股净资产都是 5 元，股价都是 50 元。现在，第一只股票的分红方案是每股分红 2 元，而第二只股票的分红方案是不分配现金。相比之下，哪一只股票比较好？如果一定要你买其中一只，那么应该选择哪一只？

当然要买不分红的！净资产越高、利润率不变，业绩增长才越快。

对于打算现金分红的股票，交易所还会在其分红当天进行"除息"，就是"股价 50 元－分红 2 元＝除息后的价格 48 元"，这样一来，投资人得到现金分红的同时，所持股票市值也会有同等价值的缩水。换句话说，分红没有给投资人带来任何实际利益。

不仅如此，现金分红还要交税，在沪深股市，现金分红要交 10% 的红利税。

在 A 股市场做投资，有必要分清两个概念：最有投资价值股票≠最赚钱的股票。

1992 年以来，万科地产、招商银行、贵州茅台、苏宁电器等上市公司是最有投资价值的，但最赚钱的股票不是茅台，亦非苏宁。

中国股市有其特有的价值判断，衡量一只股票有无投资价值，不仅仅要看其行业前景如何、业绩能否增长，更重要的是看其"股本能否持续扩张"。

说来难以置信，A 股市场给投资者带来最多机会的还是股本扩张，一些具有良好的股本扩张能力的个股，多年来已给长期持有这些股票的投资者带来数百倍、甚至上千倍的投资回报。

看看多年来一直持有爱使股份、飞乐音响、延中实业和申华实业等股票的投资者，当初只需花费一两万元，不论这些年来大盘涨跌如何，只要紧捂不放，都能赚得钵满盆满，获利数百上千倍。

爱使股份、飞乐音响、延中实业和申华实业这些股票，你说它们的行业如何好、业绩成长性如何棒，恐怕也谈不上。它们和其他一些质量较好的股票相比，在绩效方面并没有什么优势可言，可要说其股本扩张能力，在沪深两市中则是首屈一指，无可比拟。

我们再举两个例子，梅雁股份和四环生物。

梅雁公司深处山区小城，卖的什么大家都不知道，却衍生出那么多财富神话。这家上市公司硬是把一千多万的股本（小盘股），通过多次送红股、转增股票、增发股票，做成了 18 个亿的庞然大物。四环生物也是从几千万的盘子炒到了 10 个亿的股本规模。关键是，这两家上市公司一直都是安然无恙地低调运作，真正的闷声发大财。

上市公司股本扩张的方式是"高送转"，就是送红股或者转增股票。多年以来，带来股本扩张的"高送转"已成为 A 股市场最具号召力的"题材"。

好公司是如何变坏的

大量中国公司上市前业绩不错，竞争力非常强，而上市三年后，业绩下滑严重。这不是中国上市公司独有的现象。美国彭博资讯公司曾做过统计：美国至少有 55% 的上市公司，上市三年后的盈利状况不及上市前。

美国金牌分析师安迪·凯斯勒对此作出解释：每个人都在乎利益，但大家又羞于言利。上市公司管理层经常讲"要捍卫股东利益"，这往往与他们的内心背道而驰。一家公司上市成为"公众公司"以后，如果管理层持股比例很小，他们顶着各种压力做大业绩，而公众股东什么都没做，毫不费力地坐享红利。管理层的内心就会不平衡，哪怕嘴上不说，他们也会在其他方面寻求补偿，比如超高的年薪、奢华的公务飞机等，而这些都会侵蚀公司利润。

毛利润＝销售收入—销售成本

净利润＝毛利润—期间费用—各项税费

第一轮利润侵蚀：原材料、人工成本和固定资产折旧，作为直接成本，已包含在销售成本中。

第二轮利润侵蚀：除了房地产业因税费繁杂（房产交易中的 12 项税和 56 项费占房价的 70%），其他行业的"利润拔毛"主要以期间费用为主。期间费用包括三大项：销售费用、管理费用和财务费用。

巴菲特最痛恨管理费用增长，"管理费用／营业利润"是他用来分析公司财报的重要指标。什么是**管理费用**？就是为保证内部组织的运行效率，在公司高层、中层、基层所有管理者身上所花费的钱。比如，办公室要装得够气派，商务餐喝几万元一瓶的拉菲红酒，常出去打高尔夫球。有时候，公司"管理费用"节节上升，可能只是因为董事长多去了几次高档会所、多吃了几顿鲍鱼。

巴菲特说："在有些公司，管理费用占营业利润的 10% 甚至更多。这相当于对公司业务抽了 1/10 的税，不但损害公司盈利，而且毁损企业价值。一家管理费用占营业利润 10% 的公司，和一家总部管理费用占营业利润 1% 的公司相比，哪怕两者赚取的营业利润相同，但前者仅仅是因为总部管理费用开支过大，就会导致投资者遭受 9% 以上的价值损失。

"公司总部的高额管理费用，与公司高业绩之间没有任何相关性。事实上，组织机构简单、管理费用低的公司，要比那些拥有庞大官僚组织的同业公司运营效率高得多。"

如果以巴菲特的标准，"管理费用占营业利润的比率超过 10% 是不可忍受的"，那么，A 股上市公司中，能让巴菲特满意的公司是非常少见的。

一家经营成本高昂的公司，其管理层总能找到各种各样增加公司管理费用的办法。而一家严格控制经营成本的公司，其管理层即使在公司经营成本已经远低于竞争对手的情况下，仍会继续寻找更多的降低成本的方法。

比如巴菲特重仓持股的富国银行，管理费用远低于中国的工商银行、建设银行，其管理层仍在设法缩减经营成本，采取的措施包括：关闭主管专用的餐厅，只配备一个类似于大学食堂里的服务员；关闭高级管理人员专用的电梯；禁止主管在办公室里用绿色植物作装饰，因为保养费用过大；撤掉主管办公室一直供应的免费咖啡；取消每年赠送给高级管理人员的圣诞树……

在国内，多数上市公司高管觉得自己是公众人物，有面子、有社会地位，有个不错的施展才能的平台，也能大手大脚地花钱——干大事嘛，当然得花大钱。如果企业能不断做强做大，那当然好了，但成功毕竟是一个小概率事件。不成功也不要紧，平庸是不受谴责的。

只要能控制住一家上市公司，哪怕这个公司不怎么赚钱，至少高管们有表现自己的舞台，也有稳定可观的收入，出门见人说话的声音都大一点。至于公司股东有什么想法，尽量尊重，而且股东越多、股权越分散越好，最好都是中小股东，像迪士尼、惠普一样，这样一来，股东的话语权会很弱，公司管理层做事更不受束缚。

当年，迪士尼公司创始人家族尽管一直看 CEO 埃斯纳不顺眼，却因为迪士尼股权极度分散（公司上市的一大弊端），埃斯纳笃定创始人家族难以召集足够的票数召开股东大会赶他下台，于是，有恃无恐地控制了公司 20 年（经济学称为"内部人控制"）。最后，创始人沃尔特·迪士尼的后人实在忍无可忍，决定登报号召全国迪士尼股东团结起来，居然拉到了 45% 的票数，最终得以召开股东大会罢免了埃斯纳。

如果管理层和大股东没有平等对待公众股东的坚强信念，他们随时会做"牺牲公司利益而符合他们私人利益"的事。他们可以霸着上市公司的平台，让小股东长期陪跑。公司的每股价值 5 元或者 8 元，但永不分红，或极少分红，那么企业的内涵价值跟小股东有何相干？他们手握的 20% 的股份是属于他们的，公众股东的 80% 也是属于他们的。他们如果失去了工作热情，而又霸着位置，不肯退位，不肯清盘，一批批小股东也只好一直当烂公司的陪练。

投资择机避险的四大戒律

戒律一：竞争有害健康

高度竞争性行业的公司，最不适合投资。正如彼得·林奇说的那样，销售相似商品的公司的股票，应当贴上这样一条标签："竞争有害健康"。

很多市场最终会形成两到三个大的竞争者，或者五到六个。其中有些市场压根就没有人能赚钱，而有些市场每个竞争者都活得不错。

为什么有些市场竞争比较理性，股东们获得的回报都不错，而有些市场的竞争则让股东血本无归？

以航空公司为例，他们为世界作出了各种贡献——安全的旅行、更好的体验、能够随时飞到重要的人那里，但是，这个行业自从1903年（美国莱特兄弟制造出第一架飞机）以来，给股东们回报的利润就是负的，而且是一个巨大的负数。

航空市场的竞争是如此激烈，以至于美国政府一放开监管，航空公司就开始大降价，损害了股东们的权益。然而，在另外一些行业里，比如洗发水、方便面、口香糖等行业，几乎所有的竞争者都过得挺舒服。后者的生产商们整天搞各种疯狂的营销推广、散发大量优惠券进行激烈竞争，竟然还都能挣钱。

显然，品牌效应这个因素是存在于消费品行业的，而航空行业则没有——谁都不可能进行那么疯狂的竞争——如果有一个二愣子视市场占有率如命根，决定要抢占 60% 的市场份额，可以想象，这个市场的大部分利润都会被弄没的。

海尔公司 CEO 张瑞敏说："我认为所有的资产都应是负债，只有品牌才是真正的资产。你说你现在的厂房、固定资产、生产线都是世界一流的，但你没有品牌。你今天给人家贴牌，明天人家会找到更便宜的。你就是彻头彻尾的负债。"

如果没有品牌、技术或者市场特权作为"护城河"，保护你主营的生意，那么你的公司如果轻率上市，一定会给股东带来风险。

很多企业热衷于进入最热门的高增长行业，比如前几年很多公司进军房地产行业，投资风能、太阳能、光伏行业，进入手机和网络游戏行业，最近则开始承受冲动的后果了。

并不是这些热门行业不好，也不是行业没有高增长，而是这些热门行业引来了过多的竞争者，导致市场严重供过于求而整体难赚钱。

我和芒格避免投资那些我们无法评估其未来发展的企业，不管这些企业的产品是多么令人激动。回顾历史，根本不需要任何过人的聪明才智，任何一个普通人都能预见到，一些行业将来会有极其惊人的增长，比如 20 世纪初的汽车行业、30 年代的航空行业和 50 年代的电视机行业。但是，这些行业后来在极速增长的同时，也导致了极其激烈的竞争格局，几乎逼死了所有进入这些行业的企业。那些幸存下来的企业大多只能遍体鳞伤、血流不止地退出战场。我和芒格明白，我们能够清楚地看到一个行业未来将会出现激动人心的高速增长，但这并不意味着我们能够判断出这个竞争对手们将通过血战争夺霸权的行业，其销售净利率和投入资本收益率究竟会是多少。

——沃伦·巴菲特

即使出现了革命性的技术创新，竞争性行业的股票也未必具有投资价值。

大多数人都不能辨别，什么时候的技术创新会帮助你，什么时候的会摧毁你。而巴菲特早就想通了这个问题。

以前巴菲特做过纺织品生意，那是个非常糟糕的无特性商品行业。

一天，有个人对巴菲特说："有人发明了一种新式纺织机，它的效率是旧纺织机的两倍。"

巴菲特说："天啊，我希望这种新机器没这么厉害——因为如果它确实这么厉害的话，我就要把工厂关掉了。"他并不是在开玩笑。

他是怎么想的？

"纺织品的利润率很低，让纺织机开着，主要是为了照顾那些年纪大的工人。但我们不会再投入巨额的资本给一家糟糕的企业了。"

他知道，更好的机器能极大地提高生产力，但最终受益的，是那些购买纺织品的人。厂家什么好处也得不到。

这个道理很浅显——有好些新发明虽然很棒，但只会让厂家花冤枉钱（更新设备），企业就算采用了提高效率的新技术，也改变不了江河日下的命运，因为钱不会到他们手里。并且，随着竞争的加剧，改善生产带来的所有好处都流向消费者了。

技术进步带来的高效率，对于高度竞争性的微利行业，往往不是好事。对于垄断行业，则是大大的福音。如果你拥有某个美国城市里唯一的报纸企业，有人发明了更为有效的排版技术，然后你甩掉旧的技术，购进了先进的设备，那么你的钱不会白花，节约下来的成本还是会回到你手上。

在高度竞争性行业中胜出，当然很风光，但最佳策略是尽量避开直接竞争。

在与多个强悍对手的竞争中赢得"惨胜"，是不值得的。在生意场上，你可能因为赢得一个项目而大伤元气，也可能因为输掉一个项目而躲过一颗子弹。所以，还是避开竞争得好。

戒律二：带工厂的股票不要买

如果不需要增加任何投入——或者增加很少的投入——就能使你每年获得越来越多的收益，那么，这项业务就是非常理想的（比如医药、白酒）。如果它需要一定的资金投入，但是投资的收益率非常令人满意，那么，这项业务也是非常可取的（比如连锁快餐店）。最糟糕的业务是，它的增长速度很快，迫使你迅速增加投入以免遭淘汰，并且你投资的回报率异常低下（比如航空、高铁）。

国内有位明星基金经理说："永远不要买带工厂的股票。"

在那些职业投资人看来，工厂本身就意味着麻烦：租金涨了，物料原材料涨了，人工费涨了，税收涨了，运输费涨了……乱七八糟的账算不完；每天都有新的竞争者进来，同行都在拼价格，产品价格一直往下掉；工厂的运营仍需大量且持续的资本支出，还要不断搞研发，否则你就落后了……总之，成本控制很难，回款很难，质量控制也令人头疼……

巴菲特研判一家公司时，非常重视观察三个问题：公司的固定资产周转率如何？公司新增固定资产项目投资回报如何？公司扩大业务规模必须依靠大量添置固定资产吗？

很多上市公司通过大量投资固定资产增加盈利，资产越来越"重"——员工人数增加、厂房面积扩大、大规模生产线不断"上马"……已不符合当今商业的"审美标准"。

香港市场对有稳定现金流的企业，比如消费类企业，通常会给出 15 ~ 30 倍的市盈率，但对制造企业的估值通常很低，一般是 5 ~ 10 倍。

一条被企业界视为最有价值的经营理念是：控制成本不是最重要的，"控制固定成本"才是最重要的，甚至为了降低固定成本，在一定程度上管理者可以容忍企业总成本的增加。

　　如果上市公司的成本构成是低固定成本＋高变动成本，企业系统性抗击重大风险的能力会大大提高。

　　再好的上市公司也会被"重资产"拖累。

　　20 世纪 90 年代，IT 设备供货商思科的营业额由 7 亿美元增长到 122 亿美元，平均年增长率为 62%，公司股价涨了上百倍。思科认为网络设备爆炸式的需求将持续，因此不断扩大产能，增加存货，资产越来越"重"。当市场突然反转时，这些固定资产、存货的价值立刻暴跌。2001 年 5 月 9 日，思科宣布了高达 22.5 亿美元的资产减值损失，消息一经公布，思科股价短期内暴跌。

　　苹果公司就不同了。苹果所处的行业——手机制造业，其实是一个重资产行业，但是乔布斯不断给苹果"减重"。

　　在利润不变的情况下，资产越少，分母越小，资产的回报率就越高。

　　苹果公司是卖手机和电脑的，一般看来，苹果应该和联想、IBM 一样有大量工厂、大规模生产线、大批技术工人等"重资产"，但事实上，苹果没有这些，苹果公司只专注于技术开发、市场升发，制造环节都外包出去了。

　　国内上市公司的最大败笔在于：现金流总被"重资产"套牢，高负债带来不尽的噩梦。

　　乔布斯说过，没有资产，就是最大的资产。乔布斯更看重无形资产，包括专利权、商标权、客户关系、销售渠道以及更虚无且难以辨认的商誉。

　　中国一些上市公司恰恰相反，他们都太"实在"了。公司上市募资如果主要用于人力资本、无形资产投资，那肯定通过不了审核；买地造楼、建 GMP（良好作业规范）生产设施、引进昂贵的设备，则是发审委（中国证监会发行审核委员会）重点关注和支持的项目——花钱的地方一定要"看得见、摸得着"，研发、人力和品牌的投资总是被忽略。

戒律三：回避"重资产"公司

轻资产和速度经济，是当今上市公司的"审美标准"，基金经理在选股时普遍"拈轻怕重"。

"轻资产"和"轻公司"主要经历了以下几个时期：

（1）首先是零存货。20世纪80年代，互联网时代推动的第一个改变就是"零存货"，即货物从工厂到零售点中间毋须货仓储存，这样可节省不少开支。那些无法做到"零存货"的企业渐遭市场淘汰。

（2）随之而来是"零生产"。美国企业将制造业外迁到其他国家，自己只负责设计和市场推广等业务。除了无法外迁的高新科技外，其他生产工序一律外迁，总部只专注核心业务。通过外迁转移"重量"、节省开支，产品价值基本上与产品的"重量"成反比关系。

（3）然后是"零国界"。随着各国大幅降低关税，产品畅销世界各地，资金自由地在各国流通，成功的企业生意会越做越大。

（4）最后是零利率。21世纪的前十年，欧洲、美国和日本逐渐进入"零利率"时代，即资金接近零成本，大企业利用廉价资金去扩大市场占有率，各行各业进入"零利润"时代——小本经营者被大企业"吃掉"，比如超市取代杂货店、快餐集团替代小食店、连锁经营替代小店等。

"轻资产"似乎成了企业界的大趋势，顺之者昌，逆之者即使不亡，也将丧失投资价值。

投资者做长线投资，往往倾向于"轻资产"公司，而把"重资产"公司排除在视野之外，这种观点最初源于巴菲特。巴菲特在投资"轻资产"公司上有诸多斩获，但是投资"重资产"公司却没有很好的收益。

在2007年巴菲特给股东们的信里，提到了三个典型公司：

第一个是喜诗糖果公司。

"让我们来看看这种梦幻般生意的原型——我们拥有的喜诗糖果公司……我们用2500万美元买下它时（1972年），它的销售额是3000万美元，税前所得少于500万美元，运营资金是800万美元。

"去年，喜诗糖果的销售额是3.83亿美元，税前利润是8200万美元，运营资金是4000万美元。从1972年以来，我们不得不再投资区区3200万美元（固定资产投资），以适应它适度的规模增长，和稍许过度的财务增长。

"这些年来，喜诗糖果的税前收益总计是13.5亿美元，扣除3200万美元后，所有这些收益都流向伯克希尔。利润在缴纳公司税费后，我们用余下的钱买了其他有吸引力的公司……一般的做法是，要将公司的税前所得从500万美元提升到8200万美元，需要投入4亿美元或更多资金才能办到。"

第二个是飞安公司（主要从事飞行培训业务）。

巴菲特称，投资飞安公司是"一个良好，但不出色的生意"。

"当我们 1996 年买下飞安公司时，它的税前营运收入是 1.11 亿美元，在固定资产上的净投资是 5.7 亿美元……现在我们的固定资产，扣除折旧后，达到 10.79 亿美元。税前营运收入在 2007 年达到 2.7 亿美元，与 1996 年比，增加了 1.59 亿美元。这个收入带给我们的回报，对于我们增加投入的 5.09 亿美元投资来说还不错，但和喜诗糖果带给我们的收益相比，要逊色很多。"

第三个是美国航空。

"最糟糕的生意，就是那种收入增长虽然迅速，但需要巨大投资来维持增长，过后又赚不到多少，甚至没钱赚的生意。

"航空公司从它开出第一架航班开始，对资本的需求就是贪得无厌的。投资者在本应对它避而远之的时候，往往受到公司成长的吸引，将钱源源不断地投入这个无底洞。就是我，也很惭愧地加入了这场愚蠢的活动。

"1989 年我让伯克希尔买入美国航空公司的优先股。可付款支票上的墨迹尚未干，美国航空就开始了盘旋下落，不久它就不再支付给我们优先股的股息了。不过最后我们算是很幸运的。在又一轮被误导的、对航空公司的乐观情绪爆发时，我们在 1998 年卖掉了我们手里的股票，竟然也大赚了一笔。在我们出售后的 10 年里，美国航空申请破产了，并且是两次！"

　　凡事多采用"逆向思考"，要有勇气审判那些自己钟爱且看上去顺理成章的东西。

　　　　　　　　　　　　　　　　　　——查理·芒格

　　巴菲特投资美国航空公司不太成功，就引申出航空公司不值得投资的结论。但是，航空公司真的没有投资价值吗？

　　即使在美国这个充分竞争的市场，依然有很好的航空公司，这就是美国西南航空公司。在经历"9·11"的打击后，美国航空市场在 2001 年和 2002 年饱受摧残，大部分航空公司亏损：美洲航空公司亏损 52.7 亿美元，联合航空公司亏损 53.6 亿美元，大陆航空公司亏损 5.5 亿美元，美国航空公司亏损 37.6 亿美元，美国西部航空公司亏损 5.8 亿美元。然而，在全行业整体亏损的恶劣形势下，依然有一个亮点——美国西南航空公司取得了 7.5 亿美元的盈利。那几年大概是美国航空业最困难的时期，而西南航空公司依然能实现盈利，只能说明巴菲特并没有投错行业，他只是投错了企业。

　　经验往往使人形成偏见，尤其是不愉快的经验。

　　巴菲特在 2011 年的股东大会上反复强调他对轻资产公司的青睐。尤其在通货膨胀环境下，那些拥有大量库存和应收账款的重资产公司将变得缺乏吸引力。与之相对的，那些优秀的轻资产公司往往能维持较高的毛利率、获得可观的利润，在行业波动中占据主动，比同类企业发展得更快，从而为投资者创造价值。

　　可是，就在巴菲特推销"轻资产投资"的同时，伯克希尔却投资 340

亿美元买进了伯灵顿北方圣塔菲公司（美国第一大铁路公司）的大量股权。注意，铁路股是典型的"重资产"股票。巴菲特这样说：铁路代表着美国经济的前景，他赌美国未来将更加繁荣。

戒律四：回避"高负债"公司

美国有家上市公司想到中国拓展业务，项目找好了，开始做预算。美方负责人向他一个做财务总监的中国朋友征求意见，得到的答复是：做预算时，砍掉 50% 的预计销售收入，将成本估值增加 1 倍，回款时间比预计时间延长 4 倍，如果这时的财务预算报表还是不错，就可以向这个项目投钱了。

可见，在中国做生意，要高质量地完成一次业务收入有多难。所以，保守是沉淀在企业血液里的。

> 中国企业用了太多的债务，利润增长率虽然很不错，但未能解决另外一个大问题：利润率太差、资本消耗太大、回报率太低。
>
> ——《价值：企业财务的四根支柱》

上市公司的保守戒律，除了影响"收入确认"，在"负债管控"方面也是极其重要的。

"全球第一基金经理"彼得·林奇，非常在意上市公司的负债管控，在他的投资生涯中有过这样一段经历：

美国精量电子集团和应用材料公司同属高科技行业，而且都是生产计算机芯片的。2000 年，两家公司的股价都高台跳水，美国精量电子集团的股价从 20 美元跌到 12 美元，应用材料公司的股价表现更差，从 16 美元跌到 8 美元。

对比这两家公司的财务报表，可以看到不同之处：当两家公司同处于行业环境的困境中时，美国精量电子集团公司的负债为 1.14 亿美元，而且都是银行贷款，账面上只有 300 万美元现金和 7300 万美元的存货。（当时电子行业很不景气，价值 7300 万美元的存货，来年也许在低价大拍卖中贬值到 2000 万美元。）与此同时，应用材料公司的负债为 1700 万美元，而现金有 3600 万美元。

当电子行业开始复苏时，应用材料公司的股价迅速反弹，从 8 美元涨到了 36 美元，而美国精量电子集团公司则宣告破产，并以每股 10 美分的价格被收购。

这，就是"负债管控"决定的风险和机会。

在企业家的传统观念里，"负债比较便宜，股本太贵。""要把生意做大，就必须提高杠杆率。""负债经营，就是用别人的钱替自己赚钱。"这些理论比比皆是。

正常情况下，以上理论都是对的。这个"正常情况"指的是，借款的成本即利息率，低于企业经营获得的利润率，这时候就可以用别人的钱来赚钱了，这种情况叫**财务杠杆**。

通过负债经营，把企业规模做大，大规模批量生产可以摊薄一些固定成本，这种方式叫**经营杠杆**。因为有这种规模效益，企业才会寻求有竞争力的规模。

所有聪明的企业，都在充分利用各种可能的杠杆作用。

可是，财务杠杆越高越好吗？有作用力就一定有同等大小的反作用力。高负债率能锦上添花，自然也能雪上加霜。

负债会减少企业的很多自由，银行会给贷款企业设置诸多条款限制，怕企业乱花钱。在借款和发债时还有各种费用，融来的钱也不见得马上能用上，有时还得为闲置资金支付利息。企业必须在还款之前的半年，想办法筹集新钱、归还旧债，这样做会不会引发焦虑？

> 利润率高的公司并不需要太多负债，而利润率差的公司永远
> 缺钱。
>
> ——沃伦·巴菲特

A股市场当中，房地产板块最令人担忧，因为负债过大、风险过高。

上市房企的"负债与股东权益之比"普遍为150%~300%，换成"资产负债率"就是60%~75%。房地产商肯定认为高负债很正常，但是对比香港的房地产企业，人家的负债率一般只有20%。

内地的房地产商心态非常浮躁，总想迅速做大做强，迅速而投机取巧的方法就是负债融资。高负债最大的隐性风险就是，分散企业家的专注力，甚至拖垮企业家。

一个企业最重要的资产是企业家的关注度和时间。他把时间花在什么地方，决定这个企业能走多远。管理层整天在融资，自然无暇进行企业管理。

负债太高，企业也会丧失回旋余地。

要是遇上金融危机，过高的债务杠杆总能摧毁一些看上去不错的公司。

即使在正常时期，企业在筹新钱还旧债的同时，实际的贷款成本或发债成本也在不断上升，往往会超过 10% 甚至 15%，而企业的净利润率又没这么高，这样的企业也是在往死路上走。

部分上市企业，比如一些经营基础设施（港口、机场、公路、隧道）的上市公司，会考虑增发股票"圈钱"，有意识地降低负债率，这未必不是一件好事，这么做，起码说明企业已经意识到了高负债率带来的潜在危险。

不要指望能在坏行业找到好股票

从根本上讲，世界就是不公平的。行业有好有坏，它们的发展阶段有好有坏。在好的行业钻营，就像顺水行舟（事半功倍），在坏的行业钻营，就像逆水行舟（事倍功半）。

一家公司的前景，90% 取决于其所处的行业。在一个走下坡路、赚钱很难的行业，你每做一个决策都万分艰难，因为你选择的余地太有限。这类公司如果上市了，无非是让公众、让股东分担它的痛苦。

很多中国公司一年到头都处在忙忙碌碌的状态，公司越做越大，净资产收益率（ROE）却没有增长，甚至不断下滑；负债越来越多，很多公司通过负债赚取的额外收益非常小，甚至为负数，白白给银行打工。这并不都是公司的问题，很多时候与行业生态有关。

一条公路上有 80% 的店赚钱，20% 的店赔钱，赔钱是因为你不会做生意；一条公路上有 20% 的店赚钱，80% 的店赔钱，赔钱很可能是这条路坏掉了。

做事业，如果不小心误入一个行业，而且没有机会、没有条件来修正自己的错误，你就要长期忍受失败。当然选错了，也可以重新选择，只是要付出很大的代价。

行业的发展趋势决定了企业的成长性。选择了一个好的行业可以一路顺风；选错了行业，将跟着行业不景气的破船，一路下沉。

好公司在上市之前，会坦白其行业优势；坏公司上市，只会给投资者画大饼。

靠"挤牙膏"赚钱的行业

任何企业上市，都会给投资者画一个大饼：大家把钱投给我，我就怎样怎样做出一个高回报的项目，有钱咱们一起赚。其实，大多数公司上市以后都未能兑现这类承诺。

很多企业不是靠积极进取赚钱的，他们主要靠控制成本、从各个角落挤出利润来赢利。

比如电信运营商，在可预见的未来，不太可能出现业绩大爆发，哪怕它们有 4G 甚至 5G 的故事。该普及的业务已经普及了，已经很难挖掘出大量新的高价值用户了。况且，其他对手，比如腾讯推出了微信，正在分流中国移动、中国联通的传统用户。这就意味着，移动、联通和电信三大运营商的利润增长主要来自成本控制，而不能太指望依靠销售收入的增长。

比如燃气公司、供水公司和污水处理企业，它们的业务只能局限在一个城市或一个地区内，业务普及范围是有极限的。哪怕它们是垄断性的经营，但水价、气价不能随便调涨。所以，它们只能靠不断提高运营效率、挤压成本来赚钱。

以上公共事业公司，市场需求是很稳定的，收入是刚性的，往往是手持现金很多，负债很少，也就是说，它们必须加大现金分红。

电力行业要一分为二地看，供电部门属于公用事业，比如国家电网，尽管旗下控制了多家上市公司，但其本身不是上市公司；发电部门则很像制造业，它们从公开市场买煤（煤价是能大涨大跌的），再发电卖给电网（价格又受到限制）。要预测它们的利润非常不容易。

从回报投资者的角度看，电力行业的公司都不适合投资，它们的周期性很强，今年和明年都赚了 3 亿元利润，后年因为通货膨胀、燃料价格大涨，可能亏损了 5 亿元。谈论它们今年或明年的市盈率是没有意义的。但是从融资需求的角度看，电力行业的公司确实需要资本市场的配合，它们的固定资产很大，前期投入太多，而且经常要对机器设备做技术改造，非常需要资金。

航空公司最难回报投资人，又最缺钱。在欧美和日本，绝大多数航空公司经常在破产的边缘行走。跟电力行业一样，航空行业也处于一个奇怪的两难状态：如果经济好的话，飞机里坐得很满，但竞争的格局使得它们不能加价（当然还有价格管制）。这时，石油价格也很高；反过来，如果经济疲软，油价可能下跌，但是机舱里又可能空空荡荡。

航空行业在成本控制方面，比电力行业更困难，机师、空姐、导航、机务维修，几乎没法在任何一个环节压缩成本。所以，航空行业在全世界都是亏钱容易、赚钱难的行业。

夕阳公司和周期性公司最难把握

有些身处夕阳行业（比如出版业、报业）的公司，以 10 倍以内的低市盈率上市，看起来很便宜，很"照顾"小股民，实际上这很可能是一条慢慢下沉的船。这种"沉船"公司比比皆是，有些上市了，有些还没有，有些企业主趁着他的船尚未完全下沉，赶紧上市，或者将资产注入上市公司，要让公众股东分担"沉船"之苦。

新能源领域中的光伏（太阳能）和风能产业，以前曾是政府划定的"战略性新兴产业"，但是光伏和风能发电并没有明显的成本优势，相反，在光伏和风能设备领域还出现了明显的产能过剩。除非有重大技术突破，否则，身处技术前沿但在商业模式上失败的光伏和风能行业，也会沦为夕阳行业。

展望过去，奇迹也是有的。纤维（纺织）行业曾被视为夕阳产业，但日本东丽纺织却通过技术创新，开发出碳素纤维这一"摇钱树"。碳素纤维的强度是钢铁的 10 倍，而比重却只有钢铁的四分之一（比钢铁轻很多），波音公司的 787 客机机体因为采用东丽公司的碳素纤维复合材料，节省了大约 20% 的燃油费。

有些行业（比如钢铁业、造船业）尽管还有市场需求，但它们经营周期性很强，去年今年能赚三五亿元，明年后年也可能会亏损五六亿元。问题是，这种周期性行业在景气度、利润率下跌之后，在可预见的将来，究竟还有没有回升的可能，这一点也不好把握。

晨星公司的研究部负责人帕特·多尔西认为："有些业务生来就领先一步。即使是管理再糟糕的制药公司和银行，在长期资本回报率方面也会让极其优秀的化工或汽车配件公司自叹弗如。"

可是，即使是生意最稳当的银行业也会面临"周期性陷阱"啊！

有抵押品银行才会贷款，这是放贷人设置的风险防线，但这条防线并不坚固。如果央行银根倾向宽松，商业银行能持续提供贷款，借款人抵押资产的状况或许还能维持，甚至变好；如果央行银根趋紧，商业银行很难再持续提供贷款，就可能因为供血不足，导致借款人抵押资产的恶化甚至减值。

央行收紧银根、限制贷款，随之而来的就是商业银行的坏账上升、资产质量下降，全世界都是这样。

从回报投资者的角度看，夕阳行业和周期性行业公司的上市，是在给投资者出难题：你（投资人）必须先人一步，在行业拐向下坡路之前撤退。

"恶心行业"的价值

在中国股民的股权文化中，存在明显的行业歧视或者偏见。

若是银行、房地产、IT 等行业的公司上市，投资者很少有什么意见；若是洗头按脚、做桑拿的公司，或者卖榨菜、粉丝、热干面的公司要上市，投资者多半会感到愤愤不平，认为此等"贱业"上市，既无高科技含量又无成长前景，浪费了宝贵资金，简直是个大笑话。

因为这种行业歧视的长期存在，很多好公司难以获得上市融资的机会。

其实，只要有稳定盈利模式的公司，就是好公司，而任何找不到明确盈利模式的公司、内部结构混乱的公司，都是坏公司。

在欧美和中国香港地区，就有从事殡葬行业的上市公司，而这些公司因为有稳定的收益，一度受到投资者追捧。"股神级"的基金经理彼得·林奇还郑重其事地把这类公司股票推荐给投资者。

国外有调查统计："恶心行业"的回报是最可靠的。

什么是"恶心行业"？比如杀猪的、垃圾处理以及环卫等，这些行业对股东的回报往往是最好的，因为它们的市场需求和收入利润都非常稳定。而高尚行业比如高科技等，回报是最不理想的。如果你们公司掌握了一项独门技术，发明了一种世界上只有你们公司能制造的产品，但你在全世界都找不到几个客户，完全不赚钱。这类高科技又有什么价值呢？

国内资本市场的行业偏见背后，其实还有一个更复杂的问题：上市审批制。

比如，餐饮行业的很多公司想在 A 股市场上市，需要证监会对其进行"审批"。即使有些餐饮企业在业绩增长率、品牌形象、盈利水平方面表现优异，但因其旗下的餐厅做买卖经常不开发票，导致收入、成本无法可靠计量——政府无法有效监管。证监会往往会一票否决这类公司的上市申请。

但是，哪怕一些高尚行业，比如珠宝行业，也会遇到上市瓶颈。

国内多数城市的核心街区都会有几家珠宝行，一些大的珠宝行开了很多连锁店，生意做得很大。但是，为何在沪深股市里极少有珠宝公司上市？

国家对珠宝行业监控很严。因为国内珠宝行业比较零散，没有形成很完整的系统，这在一定程度上造成了资金的分散。一些大珠宝公司觉得没必要上市，最主要原因是无利可图。普通民众对珠宝鉴赏热情不高，基本以日常服饰装饰为主。况且，太高档的珠宝，普通工薪阶层根本买不起。这也是这行不易做的原因。

此外，由于珠宝属于贵重物品，它的安全保管、防盗问题都需要投入大量资金，而这个行业资金流通缓慢，资金数目又很大，很容易引起公司"内部控制"问题，比如个人卷款逃跑等。

好股票与好生意

公司价值，最简单的定义就是它有没有"稳定的好生意"可做，这个"好生意"能否持续足够长的时间，会不会走向繁荣？

做生意有起有伏，而真正的好生意，时间可以熨平它的多数皱纹。

巴菲特说："我们要寻找的生意，是在稳定行业中具有长期竞争优势的公司。"

做企业和做投资都是一生的跋涉，什么时候到达，只是时间问题。

很多人简单认为巴菲特的主要成就源于"选对上市公司""炒对股票"，这其实是一种误解。"股神"最偏爱那些平稳的传统生意，把握很大的时候甚至会买下整家公司。

巴菲特的投资不是在大量的公司中占小股份，炒炒股票，而是把绝大多数资金投资在几个100%控股的企业上，而股票资产组合只是他整个投资里的一小部分。换言之，巴菲特实际上是一个企业家。当他发现一个好生意和好公司时，他的出发点是把整个企业用合适的价钱买下来，长期持有和增值，而不只是炒炒它的股票。

与多数企业家不同，巴菲特本人不去创办保险公司、食品饮料公司、百货商场或者家具连锁店等。他总是在无数已经上市的和未上市的公司中挑选有发展前景的公司，然后用合适的价格买入。他所投资的企业是否已经上市，或者最终能否上市，对他来说都不重要。

如果你对一家公司的商业模式有足够的信心，确定它在经营着可靠的好生意，可能你也更愿意拥有一家私人公司，而非上市后的公众公司。

比如，在 2008 年前后，巴菲特就持有伯灵顿北方铁路公司 22.6% 的股权，在 2009 年 11 月，巴菲特执掌的旗舰公司伯克希尔，又在市场价格的基础上用 31.5% 的溢价收购了全部的剩余股份，并将该上市公司"私有化"。

在 2013 年伯克希尔的股东大会上，有股东向巴菲特提出了一个尖锐的问题：为什么伯克希尔一直在购买报纸？为何要投资一个正在"死去"的行业，因为看上去未来必将亏损。

实际上，沃伦·巴菲特不买谷歌，不买闪亮上市的 Facebook，他只把钱放到他熟识的领域里，这些领域包括：铁路、保险和报纸。是的，报纸。巴菲特已经在美国境内收购了几十家社区报纸。社区报纸是不可能获得上市机会的，但这不是重点。

巴菲特对此作出的解释是："报纸在传送当地新闻方面，依然占据着至高无上的统治性地位。如果你想知道你所在的城镇现在发生了什么新闻——不管是关于市长、税收或是中学橄榄球比赛的新闻——没有什么能够代替一份尽职尽责的本地报纸。一个读者看到关于加拿大关税或者巴基斯坦政局的新闻后，可能看了几段，眼睛就移开去读别的东西了。但是如果他看到了与他自己或者他的邻居们有关的一个故事，他就会一口气一直读到末尾。在任何一个居民们对社区普遍具有认同感的地方，对于当地很大一部分居民来说，一份能够满足这个社区特别的信息需求的报纸，将始终是不可缺少的。"

其实，一家企业如果有一个可持续发展的生意，这个生意有"护城河"的保护，要么竞争不激烈，要么没有竞争，这个企业就太幸运了——它什么都不用做，不用扩张业务，不用搞资本运作，少做少错。业绩不增长也没有关系，它的长期回报率依然可以相当好。

"收割机"公司和"印钞机"公司

很多大生意即使可以做起来，也未必能给企业带来真正的价值，原因在于资本回报率可能太低，甚至低于资金成本。

从资本回报、资金成本的角度来看，世界上的所有公司都可以划归两大阵营："收割机"公司和"印钞机"公司。

"收割机"公司的特征是融资量极大，而回报（比如现金分红）很慢，"印钞机"公司则恰恰相反。航空业公司和电子商务公司是"收割机"公司的典型，而消费垄断型企业，如可口可乐、箭牌口香糖、吉列剃须刀等则是典型的"印钞机"公司——几乎不做融资，还能实现年年大额现金分红。

航空制造业曾被多国政府视为支柱产业，但是除了美国、法国、巴西和加拿大等国，其他国家都失败了，其中日本最为典型。

因为有日本政府的鼎力支持，日本的航空制造业公司最初是"不差钱"的。

20世纪90年代，日本政府启动了"大飞机"项目，推动日本制造商与美国波音公司之间达成技术合作，以期最终使"日本自己的波音"成为上市公司。

1995年年初，美国波音公司已承诺向日本公司提供机体设计的技术支持。而几个月后，波音就反悔了，单方面终止了本来已经决定参与的"日本大飞机计划"。这是为什么呢？对日本变得冷淡的波音公司，认为日本"并不存在支撑大飞机量产化的市场"。

日本国土面积狭小，加上发达的高铁网络，日本人在国内能使用几架喷气式客机呢？没有市场支撑的航空制造业，如何生存下去？更不用想获得持续的收入和利润，用于长远的技术研发了。

于是，日本航空制造商在"不差钱"的情况下启动了"大飞机"项目，最终因为市场打不开、无法获取可靠的商业回报而被迫终止。

航空制造业是极其耗钱的"收割机"行业，如果不上市融资（收割股民的钱），日本政府的财力也经不起消耗。可是，如果没有长期可靠的商业回报，"日本自己的波音"有什么条件成为上市公司呢？那不是拿投资者当冤大头吗？

一个企业究竟能否上市，对它的内在价值是没有任何影响的。新募集资金能否提升企业股票中所包含的价值，这里应该画上一个大问号。

那些资本支出巨大的企业，往往估值很低，其前期投入阶段俗称"羞辱期"，有四个问题横亘面前：一是建造风险，二是未来回报的不确定性，三是掉头难，四是回报率低。

资本回报率太低可能有多种原因，市场狭窄是一方面，更大的可能是商业模式存在瓶颈。

比如京东商城、凡客诚品等电子商务公司，找风险投资家融到了数十亿美元的资金，用于庞大的物流、仓储、配送体系的建设。而大量资金投进去，能换来什么样的资本回报率呢？

京东商城直到赴美上市的 2014 年，净利润率也没超过 1%，多数年份是亏损的。国内电商行业里只有马云的阿里巴巴能挣钱，为何？因为只有阿里巴巴不纯粹以"直接销售商品"为主体业务。

阿里巴巴是收租模式，正是天猫收取的"交易费"助推了阿里巴巴营收的快速增长。淘宝将很大一部分免费流量导入到天猫，天猫收取的"交易费"一般在 3% ～ 5%，甚至更高。只要天猫平台的成交总额是不断增长的，其营收就能水涨船高。而京东商城则是卖货模式，与当当网、苏宁易购、亚马逊和凡客诚品一样，毛利率均很低下。

显然，现今的商业常识是：**卖货的不如收租的。**

淘宝和天猫为进驻的商家提供一个"在网上做生意的平台"，只是一个（网上）集贸市场的管理者，不用对销售业绩承担多大风险，只管收租。

当当网、苏宁易购、亚马逊、凡客诚品和京东商城作为纯粹的网上卖家，必须直接承担销售业绩带来的风险，并且在电商价格战的压力下，参与到自残式的激烈竞争中。

很多行业（尤其是电商行业）的企业家们从来不把"净利润率低于资金成本"当作亏钱，这其实是不理性的。

中国现阶段的资金成本是多少？商业银行给予最优质客户的贷款利率，也应该在 6%（央行划定的贷款基准利率）以上。如果一个企业中期、长期的净利润率都在这个水平之下，就可以说它是亏钱的，它确实是在收割股东的财富，是在摧毁价值。

"选股艺术家"威廉·欧奈尔

对于大多数人来说，做股票投资，无非就是选股、选点、选时，其中有经验的成分，主要还是靠运气。多数投资者没有一定的选股原则，选股标准总是变来变去。

华尔街"选股艺术家"威廉·欧奈尔的选股方法，或许可以带给那些情绪起伏不定、观点东游西击的投资者一点启示。

威廉·欧奈尔目前是全球 600 位基金经理的投资顾问，他在 1983 年创办了《投资者财经日报》，并很快发展为《华尔街日报》的主要竞争对手。

华尔街有一个说法：你如果能在股市里待上十年，你应该可以不断赚到钱；如果待了 20 年，你的经验将极有借鉴的价值；如果待了 30 年，那么你退休的时候，定是富可敌国。威廉·欧奈尔将他自 1958 年以来沉淀下来的选股经验，淬炼成了"C–A–N–S–L–I–M 选股模式"：

C = Current quarterly earnings per share（最近一个季度报表显示的盈利）

黑马股的特征，就是盈余有大幅度增长，尤其是最近一季。最好的情况，就是每股收益能够加速增长。但若是去年同季获利水平很低，例如每股收益去年仅 1 分，今年 5 分，就不能包括在内。当季每股收益的成长率为 8% 或 10%，这是不够的，成长率至少应为 20%~50%，甚至更高，这是最基本的要求。当季收益的高速增长，还应当排除非经常性的收益，比如靠出售资产取得的巨额收益等。

A = Annual earning increases（年度每股盈利的增长幅度）

值得你买的好股票，应在过去的 4 ~ 5 年，每股收益年度复合成长率达 25% ~ 50%，甚至 100% 以上。一只好股票必须是年度每股收益成长与最近几季每股收益能实现同步成长。

N = New products，New Management，New highs（新产品、新管理方法、股价创新高）

公司展现新气象，是股价大涨的前兆。这种新气象，可能是一项促成营业收入增加及盈余加速成长的重要新产品或服务；可能是过去数年里，公司最高管理阶层注入了"新鲜血液"；也可能是发生了一些和公司本身产业相关的事件。如1953~1993年美国股市能够大涨的股票中，超过95%的股票出现过以上情况。

大多数人都不敢买"创出新高"的股票，反而愿意逢低抢进那些越跌越狠的股票。实际上，在过去历次股市行情的循环里，创新高的股票更易于再创出高价。

S = Supply and demand（该股票流通盘大小、市值以及交易量的情况）

通常股本较小的股票更具股价表现潜力。一般而言，股本小的股票流动性较差，股价波动情况会比较激烈，倾向于暴涨／暴跌。但是，最具潜力的股票通常来自这些中小型成长股。流通股本越少越好，易于被人操纵，显然也易于涨升。

L = Leader or laggard（该股票在行业中的地位，是否是行业龙头）

大多数情况下，人们倾向于买自己喜欢并熟悉的那些股票。但是，你的"爱股"通常未必是当时市场中最活跃的领涨股，若只因你的习惯而投资这些股票，恐怕只好看它们慢牛拖步。要成为股市赢家的法则是：不买则已，要买就买领涨股。

I = Institutional sponsorship（该股票有无"有力的庄家"或机构大股东）

股票需求必须扩大到相当程度，才能刺激股票供给需求，而最大的股票需求来自大投资机构。但是，一只股票若是赢得太多的投资机构的关照，将会出现大投资机构争相抢进、买过头的现象，一旦公司或大盘出现这种情况，届时竞相卖出的压力是十分可怕的。

知道有多少大投资机构买进某一只股票并不那么重要，最重要的是去了解操作水准较佳的大投资机构的持股内容。适于投资者买进的股票，应是最近操作业绩良好的数家大投资机构所认同的股票。

M = Market direction（大盘走势如何，如何判断大盘方向）

你可以找出一堆符合前 6 项选股模式的股票，但一旦看错大盘，这些股票约有七八成将随势沉落，惨赔出场。所以，你必须有一套简易而有效的方法来判断大盘处于多头行情或是空头行情。

当然，市场上能够符合上述原则的股票仅在少数，而如果这些股票当中有 1/10 的股票成为飙升股，就足以弥补你由于选股不当造成的损失。

第五章

庄家在哪里

江湖上流传着很多庄家的故事，大都在讲这些人操盘如何厉害、"身手"如何了得，而那些股评人士也喜欢添油加醋，类似"如能摸透庄家操作思路，必能百战百胜……"这类文字常见报端。普通股民听起来似见真神，佩服者有之，寻觅庄股轨迹、力图跟庄制胜更是多数人的追求。

人们都以为庄家操盘是稳赚钱的，但业内人士并不这么想。对于这个问题，知名私募人士但斌的说法很靠谱："假如庄家真的稳赚不赔，那将意味着什么？复利的威力是惊人的。假如从十万元起步，每次赚一倍，第十次就是一亿零二百四十万元。假如庄家以十亿元作为坐庄的条件，复利计算第十次将超过一万个亿。假如真是这样，现今股市里所有人的钱很快会被一小撮人赢光，所有参与者只能剩下裤衩，连外套也不给你留下。"

事情本身往往并不复杂，是人们的思想太复杂。

谁是庄家

"庄家"一词源自赌场术语，**股市庄家**是指凭借资金实力，大量获取股票筹码，掌握足以影响股价走势的内幕信息，通过"对敲""倒仓"等技术手段，操纵股票价格的投资机构或机构联盟。

股市实战当中，庄家之间、庄家与散户之间存在着激烈的博弈，在拉升、震荡、派发的过程中斗智斗勇，互相依存，又互相角逐。庄家必须低位以现金换筹码（骗筹），高位以筹码换现金（骗钱），完成"资金介入—筹码集中—资金增值—筹码分散"这一操作周期。

> 股市不可无庄，无庄则不能形成拳头，攻不克，战不胜，净是游兵散勇，将使股市变成彻头彻尾的散户行情，绝非股市之福。但是庄家必须遵守游戏规则，就像足球，不能越位，不能手球，不能抬脚过高，不能冲撞大门，不能拉人、绊人、铲人……规则之内的执法严明会使竞局精彩好看。

资本是嗜血的，资本市场是利用大众的投机错误来发挥功能的。

不过坦率地讲，不被人操纵的证券市场是没有希望的。股市如果没有庄家投入巨资进行炒作，就不会出现任何低吸高抛套利的空间，没有"投机价值"的资本市场将是一潭死水，也不可能具备任何社会价值。

为什么狗会追逐它的第一千只兔子？生命的全部意义就是投机。投机精神是人类与生俱来的。

——华尔街投机银狐　詹姆斯·基恩

操纵股市的资金力量统称庄家（或叫"主力"）。被誉为华尔街"选股艺术家"的威廉·欧奈尔说过："假如某只股票背后没有庄家，那么它想成为股市中的'黑马'就不可能。美国至少有一千多家机构投资者，正是他们保证了股票市场的流动性和灵活性。"

在华尔街，机构投资者即庄家，包括共同基金、公司的退休基金、保险公司、大的投资公司、对冲基金和银行的信托部门等。

现今证券市场参与者极少考虑道义层面的问题，他们大都只关心自己的输赢。如果利益能够通过"操纵"得到实现，那"操纵"的存在就是合理的。市场中的每个参与者都会不遗余力地追逐自己期待的利益，这是人的经济本能。每个人都会努力争取自身利益的最大化，只是不同的市场主体选择了不同的手段而已：机构主力选择了炮制热点、调动市场情绪的"操纵方式"，中小投资者选择了跟庄、跟热点的"跟风方式"，就是那些跟庄失败、亏损累累的投资人也不否定他的这一利益动机。

投资大众并不反感庄家，他们普遍相信"无庄不起浪"。

确实，有了庄，没有"题材"可以"造题材""编题材""挖题材"；有"题材"可以"利用题材""发挥题材"。有没有"概念"或"理由"也是一样的道理。只要有了"题材""概念"或"理由"，庄家就可以"兴风作浪"了。甚至有些强横的庄家，干脆没有"理由"也会"造浪"！这就是资本市场的现实。

毕竟，有庄家"兴风作浪"，才会有金融市场的"投机繁荣"，实体经济也能从中受益，因为企业能从中获得便宜的融资。

坐庄原理

坐庄并非影视剧中展现出的三言两语，而是一项艰苦卓绝的系统工程，其中涉及了针对宏观经济、政策判断、证券法律、财务规则、上市公司等基本面的研究、价值分析及趋势判断等。

更重要的是，坐庄还是一门人类心理学，坐庄操盘的成功，就是让所有交易对手相信庄家让他们相信的东西。

职业机构的一次坐庄行动，短则一两年，长则五年、十年甚至更久，而坐庄原理则万变不离其宗。

1. 吸货控盘

坐庄的前提是要对股票的盘局具备相当的控制能力，一般至少应占流通市值的30%。以1亿股6元左右的盘子为例，需要动用2～3个亿（元）的资金控制2800万～3000万的筹码，最快也得两个星期。在一定时段内，吸筹时间越长，成本越低，反之亦然。控盘太多，股性就差了。剩下的流通筹码要用于洗盘，此过程同时受到大盘走势、操作手法的影响。

至于吸货所需要的时间，主要看操作手法，有时需要半年以上，那就需要慢慢买进，不允许放量，不能有太大的波动，不能引起市场的注意。其中还有一个资金成本问题，庄家如果可以用很长的时间吸货，只能说明其可以忍受较高的资金成本。

2. 利用大势

大盘趋势一旦明朗，最重要的是个股的目标价位和庄家对盘面的控制——任何时候，都需要保证解套盘和获利盘有一个稳定的比率。庄家看盘并不着重于散户的举动，真正构成威胁的是较大资金的中长线投资者，因为这些投资者在尝到甜头后，还会吸引更多的人跟风操作。一定的跟风是庄家需要的，但绝不希望其他投资者们在低位时跟风。必须控制大资金长时间的连续性动作，必须让长线投资者和短线投资者在相对高位形成换手，拉高市场的平均持仓成本，庄家的底仓才会在后期的高点获利。**跟风盘的一举一动，直接关系到坐庄的成败**。

3. 洗掉浮筹

庄家在拉升前必须要做到自己的持仓成本低于市场平均持仓成本，所以洗盘和震仓的步骤尤为重要。

一旦察觉有大资金进来，或在低位有大量的跟风盘时就要采取措施，设法洗掉浮筹，但庄家受资金和时间的限制，也常有无法完成洗盘的情况。例如正当要开始大幅拉升时，突然发现有大资金进场，此时庄家也会感到为难，通常的解决办法是：查清楚资金的来历，并主动找对方联系以求达成默契。

如果外来资金进场仅仅是为了分一杯羹，一般庄家也会容忍它。就怕它是进来捣乱的，它不服从你的安排，而且干扰你的操作。对付这类角色，庄家一定会采取强硬手段。

4. 对付"老鼠仓"

哪些筹码是自己人的，谁透露了消息，庄家很清楚。超过了庄家能容忍的限度，一定要给对方暗示。如果对方太贪，庄家是一定要"制裁"他的。

5. 拉升出货

如果手中的筹码成本在计划之内，而且还留有 2/3 的资金，一般就可以拉升了。当然，资金充裕一些，就更显得得心应手，必须严防资金链出现断裂，否则会有灭顶之灾。

庄家最希望在拉升中不断有人买进、有人卖出，始终保持盘面的活跃。但是好的操盘手，在拉升阶段不会增加任何仓位，边拉边出，拉升的时间很短，一般是其他时间的 1/4。要能实现突袭的效果，否则其操盘技巧就不够高明了。"拉高"只需几个星期，出货则要半年，甚至更久，关键是庄家要能全身而退。

6. 庄家与盘面表现

市场中的 K 线异动是庄家在"行贿"。

庄家制造股价异动是为了引起大众的注意，只有在需要时才会有所动作，试图影响市场的心理，达到引导市场"买卖冲动"的目的。这个只是战术层次的问题，随机应变就可以了。

有时高手只需掌控 20% 的筹码就可玩转个股的走势，尤其在大盘股里，利用别人的资金往上推，庄家只起到煽风点火的作用。

有时，股价明明已经拉不高了，庄家还可以用技巧掌握时机，瞬间推高股价，吸引跟风。市场的力量是强大的，有时跟风的力量足以使股价多涨 10%，甚至更多。股票在上升过程中，可能某一关键价位不好拉，这时尤其需要吸引跟风者，需要一定的技巧，庄家要更好地利用市场的力量。

7. 庄家与基金经理

最令庄家头疼的就是基金，一些基金经理投资水平不高，但深谙投资理念，庄家必须打起十二分的精神来应对，让他们知难而退。要知道，很多基金经理最大的弱点就是他们的知识结构。

多数基金经理并不明白股票的真正含义，他们在大讲投资理念的时候根本没考虑到市场的高风险性。市场中的很多理念都是把对手想得太好，技术好的人不会吃大亏，但投资理念太重的人，很容易吃大亏，因为市场唯一不变的是不确定性。

庄家入市的策划与操作

> 贪婪是好的，贪婪是对的，贪婪是有用的，贪婪可以厘清一切，捕捉到进化的本质。贪婪就是一切形式之所在。对于生命的贪婪，对于爱情、金钱和知识的贪婪激发了人类向上的动力。
>
> ——《华尔街：金钱永不眠》

过去，庄家关注、筛选上市公司，首先将那些盘子比较小、近年来没有什么异动的标的挑选出来，特别是地处偏远地区而且老总接近退休年龄的公司，一般后者的合作积极性会更高一些。

然后，他们打电话给上市公司的董秘稍作了解，择机上门拜访，了解公司近况，包括业绩、重大项目及成长性等，表达"合作"意愿。当然，这种拜访不止一次，要反复多次。拜访之前，他们已经买了一些该公司股票，不过不会多。

听说有人坐庄，上市公司都很高兴，提供各种资料，介绍公司前景，新思路、新想法层出不穷，这样一来，机构的炒作思路也得到了不断的完善和补充。一来二去，两者之间的关系愈加密切、水乳交融，为下一步合作奠定了基础。

当然，为了保证上市公司的全力配合，上市公司也需掏钱"捆绑操作"，有了共同利益，才有稳定的后方。随着关系的一步步深入，资金上的合作自然水到渠成。

坐庄关键在于题材配合，要让股价有合理的上升理由。随着市场热点变换，题材要求也会不同。最普遍是高送转，重组题材更多，如股权重组、资产重组、债务重组、剥离不良资产、注入新资产等——一个濒临破产的企业很快会因此变成一个绩优而且跟得上潮流的企业。

这些问题解决了，计划已落实大半，寻找合作伙伴成了当务之急。事实上很少有庄是单独坐的。私募基金自然不会缺席，它们资金调拨方便，出账容易，很多时候都充当了解决一些不易列账问题的润滑剂；一些信托公司、财务公司乃至券商自营资金也是坐庄主力，它们资金量大，有后继性，成本较低；公募基金是庄家的最佳战友，经常高位接货，名曰长线看好；众多中小机构，比如咨询公司、资产管理公司、私营企业，它们眼光敏锐，进出快捷，惯于烘托气氛（锦上添花），可以在适当的时候起到推波助澜的作用。

多方面资金的有力配合，能够确保资金链的稳定。

到了收尾阶段，媒体配合至关重要。有关报纸、杂志、小报中的专栏文章，还有股评家、大户室、券商研究报告，这些都是散布消息、诱多诱空的重要工具，尤其很多知名的股评人士，是可以借用的重要力量。

当然，这些都是前期准备工作，都是弹药粮草，最重要的工作在于坐庄过程，在于整个炒作的安排和运作。这是场环环相扣的战役，需要精心设计、施工，里面的窍门甚多。

整个过程当中，庄家深谙兵法"未战先胜"之道，之前那一系列作为就是在"积累战胜的因素"，临盘之际，则会以"攻心为上"。

在此应该特别注意的地方，是市场情绪的起伏、变化有一定的节奏，而股市的行情运行也有一定的规律。人气旺盛之时，市场的乐观情绪会吸引更多外围资金入场，进而推动趋势不断走强，场内的承接能力也十分巨大；人气虚弱之际，市场情绪低落，下跌过程中积累的不利因素会促使市场进一步走弱，场内承接能力极为有限。正因如此，主力庄家必将充分利用这种规律，反复调动和打击市场情绪，以制造有利于主力资金运作的氛围。

"零成本"坐庄方案

真正的"职业机构"不会去搞所谓的技术分析，它们的核心竞争力有两个：能力和资源。

能力是指融资能力。巴菲特的原理很容易掌握，但你不可能照搬实践，他可以不断追跌，你出多少，他进多少，不管什么价位、什么量，你却不能。因为他背后有保险资金，你没有。

资源是指核心信息来源，比如居民消费品价格指数（CPI）会报百分之几，什么时候报出来，你能提前多久知道，这就是资源。

随着上市公司盈利模式的逐步清晰，"新增长点"频现（比如苏宁电器靠扩张店面，贵州茅台靠产品涨价），这种"高成长性"逐步被市场认同。之后无论企业股价涨到多高，总有一些投资者会抱着不同的理念和思路出手买进，其中不乏一些实力大户和投资机构。贵州茅台最为典型，基金囤积茅台股票，没听见谁抱怨过茅台股价太高或历史涨幅太大。

股市中，人们（包括有经验的职业玩家）的心理总是那么多变，在 10 元价位他不一定愿意买的东西；到了 13 元，他会认为确实值这个价；到了 15 元，他还会认为远远不止这个价。股价的"心理势能"一高，成交就容易活跃起来。

庄家低价收集了相当数量的公司股份，在二级市场上只保留一定比例的流通筹码，股价经过成年累月的上涨，涨幅已十分巨大，在上涨的过程中，庄家只需派发极少一部分筹码就可以收回最初的投资，手中剩余的绝大部分股票就等于是盈余。这样能够使自己始终处于主动，立于不败，无论什么价位卖出，都是净赚。

比如某股流通盘 3000 万，市价 15 元，总流通市值 4.5 亿元。庄家在此价位吸纳流通盘的 80%，需要的资金是 4.5 亿元 ×80% ＝ 3.6 亿元。主力把股价做到 30 元（或者更高），然后再进行"10 送 10"高送转，股价除权后还是 15 元，但流通盘会增加到 6000 万，市值增长了 1 倍，即 9 亿元。之后，由于上市公司质量的改善和运营规模的扩大，支撑了股价的进一步走高，并填满权，股价再次达到 30 元区域。这时的流通盘不变，但流通市值已达 6000 万 × 30 元 ＝ 18 亿元。由于有良好的基本面支持，股价再次实行 "10 送 10" 高送转除权，股价再次回到每股 15 元。流通盘增至 1.2 亿，然后，公司成长性依旧，股价继续填权，重新站稳 30 元（或者更高）……如此循环往复，多搞几次送股除权，庄家最初的投资占上市公司市值的比例越来越小，庄家只需派发很小比例的筹码就可以收回成本，剩下的，可算作白捡了一家上市公司。

那么，庄家怎么知道上市公司的规模和质量一定会变好呢？

一些庄家的做法是，先从二级市场找个无庄的股票，胡乱炒上去，产生股价泡沫，然后和上市公司商量进行资产注入，把泡沫做实（比如放些矿山进去），"泡沫" 就变成了 "珍珠"。这对股市是有建设性的，因为这些 "善庄" 以较低的价格把资产注入上市公司，给二级市场带来了价值。

金融市场是 "大众认知" 的战场

中国股市中，操纵资金流向、指数起伏的力量被称为庄家或主力，但很多人没意识到，还有一股操纵 "大众认知" 的力量更为可怕。金融市场其实也是"大众认知"的战场。

庄家依托散户大众生存，又凌驾于大众之上。为此，庄家必须要在股票内在价值之外创造"溢价"，否则，散户凭什么给你利润？

股票（上市公司）的真实价值，与其在投资者心中的价值是有很大差距的。而坐庄的人和机构的所作所为，基本上是围绕着"大众认知"打转——将"认知"与"事实"间的差异扩大再扩大。

坐庄机构大多很擅长进行营销公关，借助一些有影响力的"专业人士"的言论操纵行情。很多投资者已经非常不相信"专业人士"，但他们在选股时的参考依据仍是机构提供的"专业见解"，这明显是一个悖论。大量股评造成众散户们有限注意力的分散，使他们很难作出股评之外的选择——心理学称之为"强迫记忆"。

股评营销公关的实质是"男不坏、女不爱"，有点像张爱玲说的那样："如果男人不坏，女人就会说你不是一个男人；如果男人坏，女人又会说你不是一个好男人。如此，做男人就难了，男人只好选择宁愿不做好男人，也要先做个男人，哪怕是个坏男人。他们相信，只要记得我，过段时间就会慢慢发现我的好。"

尽管股评人士误判连连，公信力早已荡然无存。但如果这些"专家"不讲股评，大众记不住股票代码；如果他们的股评太荒诞，大众又说他们不是好人。于是股评专家们宁愿不做好人，也要先让大众都知道股票代码。要先让人记住了，才有被炒起来的可能。

现在的媒体渗透力十分惊人，能在极短的时间内将各类虚虚实实的消息传播到社会各个角落。国内上亿的庞大股民群体，只要有万分之一的股民对庄家的"号召"深信不疑，就有上万人的基数（庄家的基本盘）存在。除了那些大盘股外，多数股票的流通股东数量一般就在几万户之间，超过 10 万户的不多。而这上亿股民中的一小部分，就是庄家们赖以生存的衣食父母——没有这些人在最后关头的抬轿与抢货，庄家前期吃进的大堆股票都会烂在自己的肚子里，没法消化。

> 疯狂是什么？疯狂就是不停地重复做同样的事情，却期待出现不同的结果。
>
> ——《华尔街：金钱永不眠》

不过，既然有人坐庄，自然也会有人研究跟庄。两者相辅相成，互为依靠。

投资者要从诸多真假难辨的信息中找出庄家活动的蛛丝马迹，再加上自以为是的漫无边际的想象力，以判断庄家的活动轨迹。这个过程当中，主观的意愿往往超过客观的现实。投资大众再把这种主观意愿投射到千变万化的证券市场中，以真金白银堆积的盾牌来抵挡庄家的明枪暗箭，我们对结局的预测无疑是悲观的。

资本运作的黑色幽默

> 随着企业上市，企业将产生现实收益力和预期收益力的差异，即前者要做出企业长期实在的盈利，后者通过短期效应炒作自家股票而牟取暴利，企业家的精神分裂将由此直至巅峰。
>
> ——美国经济学家　托斯丹·凡勃伦

上市公司坐庄自家股票这种事情，过去在港台股市中并不少见。在1980年代台股狂热时期，经常有人在大户室里听到类似"我有一家上市公司，想请老兄长期维持照顾，不知您意下如何"的话。

股市作手（职业炒家）听到这句话，通常都会心头涌上狂喜：能和上市公司长期配合炒股，向来是作手的夙愿，因为这意味着能够霸据一个金矿，继而进行经年累月地挖掘，利益自然是无穷大！

这里所说的"长期照顾"，就是指拉抬、出脱、下压、买回四部曲。这套四部曲周而复始地循环下去，不必耐心吸筹，不必考虑资金筹措，不必担心上市公司不予配合，甚至不必太顾虑大势的演变。每隔三五个月就拉上一波段，逢高就出，出完就压，高卖低买，这种稳赚不赔的事，不是霸着金矿是什么？

当下，不少企业家"实业之心渐冷，资本热情升温"，越来越多的实业集团正投身私募领域：雅戈尔（上海凯石）、美的电器（深圳合赢）、杉杉股份（杉杉投资）……

所谓**私募**，通俗而言就是几方资本金较为雄厚的投资人联合出资组建一个投资机构，然后参与资本市场的买卖行为。由于手握巨量资金，他们的操作手段对股票价格的影响是明显的。

一般来说，多数上市公司介入二级市场是为了在熊市时期维护自身形象，活跃股票股性，也有一些公司是为了配合增发股票（再融资）而采取的行动，当然，其中也不乏个别公司纯属为了获利。

趋势不容置疑

很多投资者就是太善良、太幼稚了，他们更多地站在自身利润的角度来考虑利益问题，完全忽视了藏在幕后的庄家也同样付出了高度的努力，后者所动用的人力与物力之巨大，是常人无法想象的；庄家所承担的风险与代价，一般投资人更是难以比拟，难以承受。

如今资本市场的投资结构已经发生重大变化，市值总额占去 1/4 的公募基金跃升为市场投资主体，市场正由庄股主体时代逐渐进入机构主体时代，监管法律体系也日趋健全，证券交易所对账户监控严密，凡账户内出现大笔对敲行为或持有某个筹码过于集中，监控系统就会自动追踪。

不过，管理层对金融市场的监管也是灵活、有弹性的，监管过度会使市场陷入沉闷状态，适度的投机氛围有利于金融市场发挥其融资功能。

所以，英美日等国的证券市场都有**做市商制度**——投资机构可以在公权力的监管下，合法地操纵股票市场，即"合法的庄家"。趋势投机也因此演变成追踪庄家。

股市当中，多数散户总是存有这样一种选股思路：挑个涨幅不大、离前期底部较近的股票进行投资，即使遇到什么不测，继续向下调整的空间也非常有限；或是选个大幅下挫超跌的个股买，以博取一个像样的反弹。乍看上去，这似乎仅仅是个别投资人的独立操作行为。然而，人同此心、心同此理，这已经是一种群体思维了。

从实战意义上讲，以上选股方法成功的机会其实并不大，因为涨幅不大且成交有限的个股背后往往都没什么实力庄家关照，很难有持续的行情，即使有，行情往往也是"来去匆匆"。

2014 年卜半年，指数大涨 50% 的大级别反弹行情多少有些令人意外，不少职业机构都出现踏空的情况。然而机构毕竟不同于散户，他们没那么多的"为什么"，赚钱才是第一要务，在第一时间赚钱更是重中之重，因为他们手里的资金是有成本的。他们迅速集中力量对市场的资金流向进行统计，发现不到 20% 的个股占了市场 80% 多的资金，于是他们认定行情是在这 20% 的个股中展开的，随即采取行动。

　　促使趋势上升的因素如果是有效的，市场在上升过程中会积累大量的有利因素，促使其进一步上升。

真正值得投资的股票，都是那些"贵得有道理"的股票。

机构操盘一只个股之前，往往准备了很多张"牌"，让人不可理解的高估值，其实都有合理的"支撑"。正因股价处在一个相对高位，一般投资人心理上难以接受，不敢轻易染指，主力才能极为便利地自由发挥。

因此，那些近期实际涨幅不太大而又创出新高的个股，总能一再继续创新高，关于这一点，市场已有太多佐证。

第六章

必然回归平庸的基金经理

基金诞生于 1868 年的英国，在这之前，英国证券市场那是相当混乱的。

英国王室在 1824 年取消了《泡沫法》对股票的种种限制，被冻结了一百多年的股市重新回到英国投资人的眼前。不过麻烦来得太快，第二年就爆发了一次严重的金融危机。

基金那些年

投机可以活跃股市，这是毫无疑问的，但投机也会催生欺诈——股市一旦活跃起来，欺诈就不可避免。不少诈骗分子比浅薄的投资人精明，他们利用当时英国人迫切想投资股票赚快钱的心理，玩起了欺诈的游戏。典型的套路是：先设立大量的股份公司，忽悠投资大众高价买这些公司的股票，然后突然宣布公司破产，募集到的资金自然就进了欺诈分子的腰包。

1825 年，世界上第一条铁路在英国的斯托克顿与达灵顿之间开通，最初的速度只有 4.5 公里 / 每小时，后来进步到 24 公里 / 每小时。英国人马上意识到铁路会创造大量财富，由此全英国都掀起了兴建铁路的热潮。

铁路的兴建都是靠发行股票集资来完成的，卷进这场热潮的人来自英国的所有阶层——家庭佣人、银行职员、有权势的银行家和产业资本家等。1827~1835 年，英国平均每年增加 5 家铁路公司，而 1836 年的一年时间里就增加了 29 家。那些股市大庄家们自然不会错过这么好的"题材"，他们卖力地忽悠，大众也随波逐流，人们轻信"这一产生了诸多英镑并许诺产出更多英镑的大规模运动"还会继续下去。

等那些股市大庄家们套现退出时，公众才知道自己在"裸泳"。但此时，各种违法违规行为早已层出不穷，如涂改账目、关联交易等，尤其是大庄家们玩弄投资者资金于股掌之间，更是存在巨大的隐患。不久，铁路股票大跌，投资人损失惨重，追悔莫及。

英国政府立即着手平息民怨，政府出面组织投资公司，委托专业人士代为投资，同时委托律师签订文字契约以确保投资的稳定增值。于是世界上第一个投资信托——外国和殖民地政府信托（类似一个封闭式基金）在英国诞生了。

可见，基金最初是针对庄家操纵股市和上市公司欺诈而创立的，这和当下国内监管部门的理念是一致的，他们都认为发展机构投资者可以规范、净化这个市场。

不幸但又必然的是，基金实力积累到一定程度后，顺其自然就演变成了庄家。散户"挨庄家宰"那实在是因为自己能力低微，没有办法的事。基金有那么庞大的躯体，难道也要做一头"温顺的猪"？

> 几何公理要是触犯了人们的利益，那也一定会被推翻。
>
> ——西谚

如果有计划、有组织、有意识地按照一些操作技巧去刻意买卖、操纵一只股票，能够在很大程度上影响一只股票的价格波动，包括股价的升跌方向、升跌幅度和何时升跌等。刻意的操纵能掌握更多的主动权，甚至可以摆脱"买入然后持股待涨，靠天吃饭"的被动局面。

果不其然，在1929年美国的那次股灾当中，基金就扮演了扰乱市场的不光彩角色。基金公司（主要指封闭式基金，当时美国封闭式基金管理的资产规模是开放式基金的20倍）负债炒股，基金的损失比市场平均水平还多，开放式基金因为担心投资者赎回不敢过于负债炒股，损失反而少一些。

开放式基金通常无发行规模限制，投资者可以随时提出认购或赎回申请，基金规模因此而增加或减少；而封闭式基金在封闭期间（一般为10年或15年）不能赎回，挂牌上市的基金可以通过证券交易所进行转让交易，份额保持不变。

开放式基金能够成为今天的主流真要感谢那次股灾。你别误会，**开放式基金唯一成功的地方是给了投资者逃跑（赎回）的权利，而不是因为持有它可以多赚钱。**

股市打垮基金，基金转过身又打垮了股市

1987年，是时隔58年（距离1929年）的又一个股灾年，美国金融市场突然陷入极大的恐慌。1929年股灾"黑色星期四"那

天美国股市的跌幅才 12.8%，可是 1987 年 10 月 19 日当天，美股下跌 22.6%，美国全国损失股票的市值达到了 5000 亿美元。

"史上最伟大的基金经理"彼得·林奇，那时正与夫人在爱尔兰度假，美股大崩盘迫使他提前回家，而且就在两个工作日内，彼得·林奇失去了 1/3 的基金。

1987 年的股灾，再次验证了开放式基金的优越性——可以快速赎回。基金经理被迫应付基民们的赎回，抛售股票时根本不计成本。

股市打垮了基金，基金转过身又打垮了股市。就像乔治·索罗斯所说的"投资者和市场互相影响"，不过最后受损失的还是投资人。

频繁而强大的心理压力可以致病！

——心理学家　布雷迪

金融市场的波动起伏，往往表现为某种心理现象——大众的恐慌导致股灾，大众的贪婪导致股价泡沫。过度的乐观或悲观情绪，促成股价向上或向下波动的趋势。而基金经理正是股价趋势的强化者。

基金经理也不是那么专业和理性，他们普遍会追随（追逐）大势走向，他们的交易行为，起到的是助涨、助跌的作用。

牛市里可以"联手造势"，众基金经理信仰共同的投资理念，或者抱有相近的乐观态度，在同一时间进行相同品种的投资，造成各自重仓股票价格普遍上涨，并暂时形成各自的账面盈利。

熊市里可以"抱团取暖"，众基金经理基于趋同的选股逻辑，追捧少量的优质股票，即使在大市不佳时，也确保各自重仓股票走势稳定，保证账面有所盈利。

对于如何选择一家上市公司进行投资，基金经理在规划里会有一些排序，比如要从宏观经济开始看，再到行业的选择，再到公司的选择，这个先后顺序的把握如同圈羊，范围越圈越小，投资的方向也会渐趋明确。

广发基金投资总监朱平认为："60% 的利润来自于对市场的理解，40%的利润来自于企业自身的增值。"基金经理们普遍把"流动性（流动着的钱）"放在最重要的权重位置，就是先要搞清楚市场上钱比股票多，还是股票比钱多。只有确定了这一点，他们才能判断应该在这个市场上采取什么样的投资策略，是积极的牛市策略，或是中性的波段操作策略，还是防守性的熊市策略。

具体到选择何种投资品种、怎么进行投资的时候，基金经理也是因势利导——市场上钱多了（流动性过剩），炒蓝筹股；市场上缺钱了（银根紧缩），炒题材股。至于股票或者板块的估值是否有优势，这个问题的答案就显得很次要了。即使大市值蓝筹股中确实有不少是被低估的，如果市场气氛不支持，公募基金是有主导大势的能力，但也绝对不会硬往里面钻的。

在基金经理们看来，选股只是实现其对市场理解的一个手段而已。

赚了10倍，怎么还会破产

晨星公司股票研究部有一项研究数据：20 世纪 70 年代到 80 年代、1987~1997 年，业绩处于市场前 25% 的基金经理都堪称"时代的领先者（幸存者）"，可是至今这些明星基金经理中有高达 97% 的比例回归了平庸——业绩跑输或者严重跑输标准普尔 500 指数。

投资界已形成一个常识：**好基金必然变坏，好业绩是明星基金经理的坟墓。**

个人投资者的情况可能更糟，人们很难想象，"赚 10 倍还破产"其实是个大概率事件。巴菲特说："在股市中，人们对普通的算术问题缺乏常识。"

可问题是，赚了 10 倍，怎么还会破产？

人们在赚取 10 倍利润后信心膨胀几乎是个必然的结果，当 1 万元变成 10 万元后，如果你抵押自己的房产追加投入 20 万元，此时的资本总额就达到 30 万元，此刻 30% 的下跌就能将你最初的那个 10 倍收益吞噬。在这个假设中，10 倍 = 30%。在赚取 10 倍利润后，人很可能出现自我崇拜，自恃"老子就是股神"。如果你胆子再大些，追加投入 90 万元，那么 10% 的下跌就能将你最初的那个 10 倍收益吞噬。在这个假设中，10 倍 = 10%。如此看来，这个"10 倍利润"竟也如此脆弱！

同样的道理，如果哪个基金经理在过去三年获得100%的收益率，比如1亿元资金增值到2亿元，他可能成为明星，有更多人申购他管理的基金。假设基金规模膨胀到4亿元，这样，只要出现25%的亏损，过去三年赚到的钱就全赔回去了。

熊市末期，当"拒绝毒品、拒绝股票"成为共识的时候，普通人的投资欲望是被压抑的，此时的投资额度会非常有限。而"从熊到牛的转变"不期而至的过程中，几倍甚至10倍的收益轻易到手，在"黄金X年"的喧嚣背景下，此时"追加投入""有钱就买"基本是个大概率事件。正是因为牛市高潮阶段追加投入，一旦发生幅度不大的调整就会将之前的数倍暴利吞噬一空。而一旦发生较大幅度的调整，就算有数倍甚至10倍的先期收益，亏掉本金甚至破产清盘也是轻而易举的事。

公募基金资产膨胀最疯狂的时候正是牛市高潮阶段，不同的时间段，相同的故事在大量上演。

为什么基金经理都逃不过"均值回归"的命运

好的投资究竟源于何处，是运气还是实力？那些明星基金经理的成功，到底是踏准了风口，还是真的源于他们的深度研究、前瞻判断？针对基金经理的考评，归因分析非常重要。

我们经常可以看到，有些基金经理前一年能获得 100% 的收益，但并不能保证第二年取得 20% 以上的收益，有些人甚至还出现了负收益。长期来看，业绩的可预测性远比单纯的优异过往业绩更重要。

七年丰收，然后有七年饥荒。

——《圣经·创世纪》

写出《物种起源》的伟大生物学家达尔文，有个侄子叫高尔顿，是一位天才的生物统计学家，他在实验中发现了"均值回归"原理，并解释了"为什么骄兵必败""为什么云层内层看上去总是银色"等问题。

事物总要回归"常态"。正如圣贤所说："全则必缺，极则必反，盈则必亏""天之道，损有余而补不足"，都在说明事物发展到极端则会向相反的方向转化。

一切事物最终都会回归到平均值附近，这是投资界最隐秘的真理。几乎没有哪个基金经理、哪家上市公司和哪个企业家能逃脱这一规律。

历史数据显示：1970~2001 年这 32 年的时间里，世界上主要股票市场的回报率相差无几，英国为 11.97%，美国为 11.59%，日本为 11.12%，德国为 10.88%。日本股市的最高点是在 1989 年，至今 28 年没有再创历史新高。如果是截至 1989 年，我们来计算回报率，日本股票的回报显然要远远高于其他国家。但时间拉长至 2001 年，日本股市的回报率与其他国家基本一致，这就是一种投资回报率的均值回归。

经济学者塞勒和德邦特通过对美国股市 1926~1982 年数据的研究发

现，过去三年业绩股价表现糟糕的公司在接下来的三年均大幅超越了过去三年表现优异的公司。对冲基金 Eyquem 将这项研究扩展到 1980~2013 年美英德法日等多个市场，最终也得到了基本一致的结论。

金融市场"均值回归的时间跨度"可能有点长，而明星基金或明星经理人的业绩神话则熬不过太久。《对冲基金风云录》有一个经典论断：只要"活"过三年的对冲基金基本上规模都不小，收益也不错，但问题是每年有 1/3 的对冲基金在第一年就被消灭了。

当巴菲特的老师本杰明·格雷厄姆 1955 年在美国国会听证会上被问及什么推动价值回归时，他回答："这是投资行业的一个谜，我和其他人一样不知道答案，但经验告诉我总会有这样或那样的原因让市场认识到真正的价值。"格雷厄姆所说的这个"谜"延续至今。

很多"稳健型"基金偏爱白马股（**白马股**一般是指企业相关信息公开的股票，由于业绩较为明朗，很少存在埋雷风险，内幕交易、暗箱操作的可能性大大降低，同时又兼有业绩优良、高成长、低风险的特点，因而具备较高的投资价值，往往受到投资者青睐），认为在大市不佳时买入苏宁电器、贵州茅台等白马股，应该很有赚头。很遗憾，如果你在 2008 年买入苏宁电器或贵州茅台并持有 5 年以上，你很可能跑不赢大盘。上证指数在 2008~2013 年涨了将近 40%，而苏宁电器和贵州茅台的涨幅仅是接近平均水平。

类似的例子还有很多，曾经非常牛气的上市公司，最近 10 年来，即使业绩仍在增长，但股价涨幅却低于平均水平。

世界最大的药物销售公司辉瑞、最大的生物科技公司安进、最大的芯片制造商英特尔、最大的互联网设备制造商思科、最大的软件公司微软、最大的工业企业通用电气，这些企业统统都是所在行业的领军者，但近10年来，他们的股价表现全部落后于标准普尔100指数。

凯马特曾经是沃尔玛的强大竞争对手，2000年前后，前者的净资产收益率、营业收入等诸多指标，都证明凯马特股价低廉，简直就是"价值洼地"。可惜，凯马特很快从一个便宜股沦落为一个垃圾股，并在2002年宣布破产。而沃尔玛也很令人心痛，这家零售巨头近10年来的业绩增长并不差，增加了约1500亿美元收入，每股收益还增加了两倍之多，然而股价与10年前相比，几乎没有上涨。

曾经有过利润高增长的白马公司，都会逐渐回归正常。

格雷厄姆曾经说过："当一家公司能在可预见的未来实现15%的复合利润增长率时，那么，在理论上，它的股价应该是与天齐高。"换个角度来看，就是上市公司不论曾经有过多么惊人的利润增长，要长久维持15%的复合利润增长率，都是不可能的。均值回归的那一天必然到来，而且"暴利"之后往往跟着"暴毙"。

第七章

为什么指数基金才是普通投资者的最高明选择

做投资是在追求资本增值，追求"资金的时间价值"。

英国科学家牛顿说："时间是一个被神秘气息所覆盖的客体，因为时间独立于任何物体。"在金融领域，时间是金融家们积聚财富的"阿基米德杠杆"。

"长期投资"的真相

金融家最津津乐道的是"时间的复利效应"，而复利是宇宙中的第八大奇迹。

（1）假如印第安人懂得"复利效应"。

公元 1626 年，荷属美洲新尼德兰省总督用价值约 24 美元的珠子和饰物从印第安人手中买下了现在的曼哈顿岛地区。到了公元 2000 年，曼哈顿岛估值 2.5 万亿美元。假如当时的印第安人懂得"复利效应"，使 24 美元能达到年平均 7% 的复合回报率，那么 375 年后的 2000 年，他们是能买回曼哈顿岛的。

$$24 \times (1+7\%)^{375} = 2.51 \text{ 万亿（美元）}$$

（2）西班牙人的遗憾。

西班牙人发现了美洲新大陆，却将本来属于自己的世界首富国地位送给了美国人。

公元 1492 年，西班牙国王资助了意大利航海家哥伦布大约 3 万美元。哥伦布冒险向西航行 70 天后，到达加勒比海群岛，完成了发现新大陆的壮举。

花费 3 万美元发现新大陆，这给当时的西班牙带来了精神上的成就感，却使西班牙在 2004 年失去了价值 16 万亿美元的财富。16 万亿美元几乎是 2004 年世界第一大国美国全年的 GDP 总值！假设当初的 3 万美元能实现 4% 的复利率增长：

$$3 万 \times (1+4\%)^{512} = 16.41 万亿（美元）$$

复利如此神奇，那究竟什么是复利？通俗点说，**复利**就是连本带利地"利滚利"。有一个"72 规则（Rule of 72）"，说的是"如果一笔钱每年的利率 x% 是固定的，那么，这笔钱将在 72/x 年后翻一番"。比如，此处的利率是 6%，本金翻一番需要 72/6=12 年；如果利率是 12%，就只需要 6 年。这个算法不是最精确的，不过很可靠。

复利效应，一直都是很多投资者决定做"长期投资"的主要理由。但"长期投资"作为一种策略选择，往往会成为投资者股票被套时不愿认错、死拗硬掰，继续留在市场中将错就错的借口。巴菲特说："必须强调的是，我们并不会因为某种简单的算术就倾向于采用长期投资。"

巴菲特是少数明了这个道理又敢于说真话的人，他说："整个 20 世纪道琼斯指数的年度化增长率为 5.3%，这已经是一个'极好的世纪'了。如果在 21 世纪中……增长率能达到 10%，2100 年时的道琼斯指数将能达到 2400 万点……投资者应该对投资顾问灌输的这些'幻想'般的数据保持警惕。"

投资界在"复利"问题上犯的最大错误是：相信"现在容易获得的收益，以后也能得到并可以持续下去"。

我们不妨做一个假想：把一张纸拿在手里对折，再对折，一直对折下去……当然每对折一次，纸的厚度加大一倍。每次对折都很容易，应该可以一直对折下去……复利的结果是，只要把手中的纸不断对折52次之后，这张纸的厚度会增加4503万亿倍，这个厚度已经是地球到月球表面的距离了！

畅销书《货币战争》中，罗斯柴尔德家族一直利用种种阴谋控制着世界金融。假设1850年他们拥有50亿美元的财富，如果每年只获得区区6%的收益，今天的罗斯柴尔德家族应该拥有100万亿美元的财富。但这可能吗？这个数值是"美国＋中国＋欧洲＋日本"GDP总和的两倍还多。面对这么有钱的家族，联合国恐怕都要俯首称臣。这明显是不可能的。

> 有些事，无需证实也无法证实。
>
> ——索罗斯的思想导师　卡尔·波普尔

历史的真相实际是：长期稳定地获得7%或10%的利息是不可能的事。**长期的复利是由社会生产力决定的，金融本身不会额外创造财富。**

对于大部分人来说，理财的时间越长，赚的钱就越"合理"，赚钱的速度就越接近于社会财富增长的平均水平。股市创造的"钱"最终不会超过上市公司的利润。

"通过长期投资的复利效应可以解决养老问题"，这个观点大有问题，复利再厉害，也不可能突破社会生产力的限制。

发掘一家好公司有多难

长期投资、价值投资的一大前提是，能够发掘到真正的好公司。但这是非常不现实的。

很多人都要做长期投资，相信买股票就是买公司，好公司的股票就应该永远拿在手上。事实上，长期来看，大部分企业都垮了，活下来的几个企业都还不错，只是当初没有几个人知道哪家企业是可口可乐。雷曼兄弟就是一家好公司，157 年的时间里都给投资者带来了好的回报，但是第158 年的时候，雷曼兄弟垮了。

微软、谷歌、苹果和 Facebook 等都是华尔街捧出来的明星公司，但这些明星公司都是一将功成万骨枯。在他们功成之前，很难被发现；即使在功成之后，也会经历低迷期、彷徨期，他们什么时候会出现业绩大爆发，投资人大多拿不准，最后还得看运气。

孔子曾感慨："知人难也！"在孔子看来，要和一个人相处 7 年，才能比较准确地了解这个人是不是行事讲原则、做人有底线。

一个企业是很多不同社会层次、不同利益动机、不同野心的人的集合，而企业的生存状态又离不开复杂的外部环境。我们想要真正看懂一个企业及其生存环境，难度是非常大的。

投资银行家或者风险投资家对一个企业的理解，如果只局限于企业的客户在哪里、企业能给客户带来什么好处、如何让客户掏钱、如何将价值送达客户、企业有怎样的外部资源、有多少种赚钱方式及成本结构……这些基本问题，很可能会对这个企业产生错误的认识。因为你很可能把一些关键因素看得很轻，把一些次要因素看得很重，最后形成有偏向的认知。

年纪大一点的基金经理，做基金管理的时间越长，越觉得自己对宏观经济、产业动态、消费者行为以及企业基本面的情况，知道得太少了。对于上市公司，专业人士知道得也非常有限："不要夸口说你对某个公司或者行业有多么懂。说出这种话，只能证明你是一个浅薄的人。"

从理论上讲，公司价值是由公司未来的赚钱能力决定的。

然而，世事难料，公司明天的事谁能说得准？不论管理多么好的公司，不管 CEO、CFO 和财务专家们怎样绞尽脑汁，大家对"公司明天能赚多少钱"的预测，充其量也只能估算一番，而且，还必须加上一句必不可少的前缀："在政治、经济、市场和公司没有重大变化的前提下，我们公司有可能在 2019 年实现 N 元利润。"

可是，在我们的记忆还都保持鲜活的过去十几年里，经营环境有哪几年"没有重大变化"呢？ 1993 年的通货膨胀、1995 年的宏观调控、1997年的金融风暴、2000 年的互联网泡沫、2001 年的"9·11"、2003 年的非典、2008 年的金融海啸、2011 年的欧债危机……能预见这些重大变化的恐怕只有上帝。

宏观上的因素不可预测，微观上的因素也难以把握。

有个知名风险投资家，对一个 IT 公司做完尽职调查之后，投资数千万元拥有了该公司 10% 的股份，他本人也去该公司担任了副总，而且主管财务筹划。可是直到一年以后，他才发现这家公司存在逃税和做假账的问题。虽然这些问题不至于把公司打垮，但是他很焦虑，并对自己的眼光和判断力产生了不小的怀疑。

这其实很正常。不要说投资者和企业高管，就是很多公司的董事长和 CEO 也不知道公司的问题所在。

> 谈起行业周期的变化，竞争格局的变化，新技术的出现，或者消费者口味的变化，董事长和 CEO 不见得比外人更明白。他们离得太近，太自信，不愿意听负面的话。这也就是为什么很多公司往往在股价顶峰回购自己的股票，或者在对方股价达到顶峰时收购对方。这些高管们也是常人，未必具备优越的判断力。
>
> ——《避开股市的地雷》

有企业家把 CEO 的工作形容为"压缩饼干"，也许你在一个公司做财务需要 20 年才能对公司的整体了然于心，即使是新上任的 CEO 或董事长，至少也要三年时间才能把握和洞悉一个企业的命脉。

按道理说，房地产公司和餐饮业公司是比较容易看懂的行业。因为房子好不好卖、入住率高不高，餐馆生意好不好、食客是不是足够多，大家一眼就能看出来。即使是这样，地产公司和餐馆仍有其复杂的一面。

一个地产公司有几十个项目，你都一一看过吗？你对它们的土地合同都有十足把握吗？成本、售价和税收很容易计算吗？同城市的其他楼盘你了解吗？需求可以预测吗？

餐饮业的竞争太激烈了，你对它们的成本控制有把握吗？食品安全是一个潜在问题，一家餐饮连锁企业旗下会有很多家餐馆，你对它们的人员管理、内部管控有多大信心？

很多专业人士也因为对企业经营的复杂性意识不够，频繁"踩雷"。

有些基金经理吃过很多亏、上过很多当以后，得出一个悲观的结论："公司都不可信，老板们都是演员。"

闪电来时，你必须在场

任何一种具体的投资策略都有其特定的适用范围和适用阶段，并不是万能的。

坚决摒弃盲目被动的长期投资，坚持积极主动的长期投资才是较为稳妥的做法。

首先也是最重要的，一定要随时确保你买的东西的确值得长期投资；其次，适当降低长期投资的收益预期，不能神化长期投资的平均收益；最后，要合理规划投资期限和投入资金。

真理和谬论仅一步之遥，"长期投资"与"长期被套"之间的距离相当接近。

那么，怎样才算"积极理性"的长期投资呢？

> 历史数据显示：从 1926 年到 1996 年这 70 年的时间里，美国股市上涨的时间只有 7%，下跌和横盘占了 93%。如果你不是一个乐观主义者，你在这个市场里基本上是没有机会的。
>
> 1926~1996 年，去掉表现最好的 10 天，股市的平均投资回报率至少会下降 1/3，从 18% 降为 12%；去掉次佳的 10 天后，几乎又使投资回报率少掉了 1/3，降为 8.3%；去掉表现最好的 30 天后——这 30 天占整个投资时间的比率还不到 1.5%，但投资回报率却会从 18% 下滑到 5%。
>
> 所以，波段操作是邪恶的观念，千万不要尝试。
>
> 没有人知道闪电什么时候到来，但是"闪电来时，你必须在场"。
>
> ——《投资艺术》

为了迎接"不知何时到来的闪电"，长期投资开始有了正当性、必要性，这也造就了一些错估形势、逆势强为的投资人。

一定不要以为自己有持续选择入市的时机，或者持续选择好股票的能力，不要以为自己可以持续跑赢大市。

让企业的中长期增长带给你资本增值和分红，这是对的。试图选择一个最佳切入点则是蠢人的游戏。

在买卖股票的过程中必然有费用（佣金、税费），而费用会吃掉毛收益的很大一部分。此外，频繁交易有时正好错过市场（或个股）在几年甚至几十年才遇到一次的大幅上升的好处。大家有没有经历过，刚刚卖掉股票之后就到来的大涨行情，并因此产生的悔恨？

即使不频繁交易，长期持有若干"爱股"也有很大的风险。它们会不会跑输大市？它们会不会成为下一个雷曼兄弟、贝尔斯登、通用汽车，或安然（Enron）以及北电网络？

购买指数基金、寻求接近于大市的投资回报，则是相对明智的选择。

被《财富》杂志评选为"20世纪四大投资巨人"之一的约翰·伯格，于1974年创立了世界上第一个指数基金——先锋（Vanguard）基金，他个人因此被称为"指数基金教父"。从1975年管理1100万美元资金开始，至今约翰·伯格旗下管理的资金已达到9500亿美元。

在欧美国家，指数基金一直很受欢迎。不仅是散户，而且很多养老金公司、工商企业以及大学的基金会也开始把一部分投资放到指数基金里。从中长期来看，指数基金费用极低，让基民睡得踏实，回报也不菲，超过绝大多数积极管理的公募基金或对冲基金。

简单的东西往往比复杂的东西好得多。约翰·伯格建议大家投资涵盖范围最广的指数基金，而且不要追逐带任何概念的指数基金，因为当一个概念开始走红的时候，往往也是价格偏高的时候，基民此时进入正好中了埋伏。

总之，股民和基民们不要觉得自己比别人更聪明。

华尔街的"傻瓜投资法"

华尔街精英们其实都是大智若愚的人，他们具有相似的幽默感——玩别人的钱，越复杂越好；而对于自己的钱，则大道至简。

全美最大的退休基金"教师保险与退休基金"中有 70% 的资产，投向了指数基金；全美第二大退休基金"加州公务员退休基金"超过 85% 的资产用于指数投资；像英特尔这样的大公司将员工的退休计划资金主要投向指数基金……被动地投资于指数基金，是简单、乏味但有效的致富方法。

所有的公募基金和私募基金经理都感叹：在大牛市中，几乎不可能战胜指数基金。巴菲特也认为："世界上绝大多数投资者（包括专业人士），既无能力也无必要的心理素质选择个股和投资个股，他们必然跑输大市。既然不能跑赢大市，还不如买指数基金，追求市场的平均收益水平。"

如果你所知有限，资源和能力也有限，那么你战胜市场的可能性极小，最好的选择不是去战胜市场，而是跟随市场。就像你去购物一样，如果你不懂，一个最简单、最有效的办法是看看哪个牌子、哪种产品最畅销，和大多数人站在一起，既安全又可靠。

伯顿·麦基尔（Burton G. Malkiel）的经典著作《漫步华尔街》里有一幅漫画：

一家基金公司在招募一个基金经理，一位超人前来面谈。老板对超人说："能一跃跳过高楼的确不错，但是你能超越标准普尔 500 指数吗？"

标准普尔 500 指数（S&P 500 Index），指的是被标准普尔选出来的美国 500 家大公司股价所算出来的指数，是衡量美国大市的"标杆"。标准普尔 500 指数里的公司每年都在进行调整，以确保这支"标杆"能代表美国公司的最佳状态。除了标准普尔 500 指数外，还有选择 30 家各个行业中最大最强公司的道琼斯指数、专门投资高科技股的纳斯达克 100 指数。

这些指数都是在专业金融机构极其复杂、严谨的研究下产生的，而追随这些指数的基金被称为"指数基金"。指数基金受电脑软件控制，电脑会对所持有的股票按指数的比例进行调整，这是一种被动投资管理。因为是被动管理，这些基金的成本很低，平均管理费只有 0.2% 左右，比一般基金 2% 的管理费低了十倍多。

前纳斯达克主席、美国历史上最大的诈骗案制造者伯纳德·麦道夫，目前正在监狱服刑，但他依然念念不忘在水深火热中挣扎的股民们。他接受记者采访时，就"股民如何避免受骗"等一系列问题发表了建设性的意见："作为普通投资者，你想避免受骗，那就买指数基金吧。费用低，管理也专业。"

指数化投资是一种简单乏味的致富方式。股票投资中不会有明星投资人，除非他承担了更大的、潜在的亏损风险。

——诺贝尔经济学奖得主　威廉·夏普

威廉·夏普年轻时服务于美国兰德公司（RAND，即"研究与发展"的缩写），兰德公司是美国最著名的智囊机构，实际是美国为军事服务的研究机构。

1964 年威廉·夏普发表了《风险条件下的市场均衡》一文，认为投资者如果想在不承担额外损失的风险下就获得超过市场平均收益，那是不可能的。

真正让夏普理论落地生根，并在美国蔚然成风的是富国银行。当时，富国银行看到投资咨询业务是一块大蛋糕，就有意参与其中。他们采取的是"非主流"投资策略——通过"指数化投资"取得和大盘走势相当的收益来吸引投资者。而威廉·夏普正是这方面的专家。

那时富国银行已经是美国最大的银行之一，为了避免不必要的麻烦，起初被动投资（指数化投资）的筹备实际是一个秘密启动的项目。而威廉·夏普在其中推动了"指数化投资方法"的实际应用。

威廉·夏普因为在金融经济学方面的独特贡献，成为 1990 年第十三届诺贝尔经济学奖得主。

"内部人"如何玩自己的钱

华尔街金融圈的 Insider（内部人）玩自己的钱，总会受到很多限制。

美国的投资银行、基金公司甚至商业银行，都会要求敏感部门的内部人员（本人及亲属）将他们所有的股票账户全部呈报上来，理由是他们能接触到大量的内部信息，而他们进行的所有股票交易都必须在监控之下。美国法律还严禁他们在某段时间买卖部分股票（那些股票一般和他们的业务有关），以示公平。这是显规则，必须遵守。

华尔街投资界还有相关的潜规则，比如基金经理要申购自己管理的基金，表示基金管理者和基民们利益是一致的。这类潜规则明显是有必要的。

AT&T（美国电话电报公司）曾重金聘请10名优秀的"专业投资人"来做投资顾问，同时 AT&T 又安排专人对这 10 名"专家"进行考核，结果大失所望。这些金融市场上最优秀的投资管理人，总体业绩要么和股市指数的表现差不多，要么还不如指数。

后来，AT&T 找到富国银行，要求富国银行为其建立一个指数基金，AT&T 选择投资标准普尔 500 指数。AT&T 不是等闲之辈，不会只听几个理念就决定投资。既然富国银行这么积极推荐前景理想、新潮的指数基金，那么，请富国银行先把自己员工的养老基金也投进这个指数基金吧！最终，富国银行同意了这个条件。

2005 年，美国证券交易委员会（SEC）要求基金经理必须公布"是否申购了自己宣传或管理的基金"。投资者以为既然基金经理都说自己的基金最值得投资，那么私人资产过千万美元的基金经理，多少会买一点自己管理的基金吧！

而实际情况是，在不包括指数基金的美国 6000 多只公募基金中，有

71%的基金经理没有投资自己管理的基金。说白了，绝大多数基金经理都是在拿别人的钱冒险、找刺激。

1976年，晚年的格雷厄姆再次强调"公众不要相信基金经理能创造价值"，就算是基于"价值投资"的策略，也无法再打败市场——价值投资已经不再适用了，投资经理人试图超越市场的企图，注定只能以失败告终。

第八章

私募靠什么取胜

做市场一定要跟着打破平衡的人走，私募就是这个市场中打破平衡的人。私募其实是市场上的"第三者"——公募基金已经跟市场"结婚"多年，也"领证"了，还是证监会发牌的，所以"夫妻关系"早已是平衡状态。而谁会打破这个平衡呢？一定是某个"第三者"——私募买进的时候股价会涨，抛出的时候股价会跌。私募是目前市场上唯一最勤奋地工作在资本市场前线的人，公募在减少，私募几乎是唯一把资金引入股市的人，所以后者才是决定方向的人。

——证券之星前董事长　洪榕

在投资行业，每个人都有自己的特色，但同样的人，身处不同的环境中性格差异巨大。一个基金经理，在公募基金中的表现可能是相对压抑和保守的，但如果换了环境，可能表现出的就是尖锐和张扬。

私募是做证券投资的，更是贩卖理念的，尤其在当前中国私募基金发展的初级阶段，个人声望几乎决定了私募机构的影响力。

在市场印象中，"私募高手"很像武侠小说中的世外高人，他们身手不凡、异常低调，神龙见首不见尾，更是断不能将自己的独门秘籍广而告之。然而，他们又从来都是市场追逐的焦点，其投资思路和持仓技术不断地被大家拿来跟踪、研究。

其实，当前政策环境下的合规门槛已经不低，私募基金要在业绩突破和本金安全之间寻找平衡点已十分不易，其投资策略要比外界想象的保守得多。私募基金在具体的投资操作上会遵循哪些原则呢？

确定，所以投资

> 简化投资行为，寻找确定性机会。个股比行业简单且确定性
> 强；行业比大盘简单且确定性强；中长期比短期简单且确定性强。

股市本身充满了各种不确定性，要在复杂的环境下追求简单，在不确定的市场中追求确定。"追求确定"几乎是国内一流私募人士一致的理念。

其实，证券投资的好处就在于：它不同于一般实业，理论上讲，它可以做到无限大，不受行业瓶颈的限制。只要抓住行业的快速增长期，选择其中的龙头公司，买入并持有，等行业高速增长后卖出，再选择其他高速增长行业重新介入——这相当于在做一份跨行业的实业。由于证券市场有非常好的"兑现性"，以上跨行业操作才能实现，这是单纯从事实业的人所不能实现的。

想实现这样的操作，投资的"确定性"就必须放在首位，如果你的投资是不能"确定"的，那就说明你没有利用好证券市场能让你的资产实现"复合式增长"的好处，你无非是一个整天进进出出的炒股者，其结果当然是"未知"的。

事实上，国外的职业投资人群中，几乎没有 50 岁以下的富豪，但 60 岁以上的富豪就很多了。所以只要你不犯错，是可以通过股市赚大钱的。

私募其实只能算是一个相对理性的"大散户"，它做不到公募基金那

样玩转大盘蓝筹、主导股指走向，也做不到像券商那样编题材、造概念引导市场关注，但私募比一般的散户更理解市场的本质和自身的优劣长短。

在不确定的宏观形势和市场表现背景下，价值型私募"追求复合式增长"，这种思维方式的确立与执行，要比一次赚多少钱，或者抓到一个"大黑马"重要得多。

"消费将是未来最确定的投资机会之一。"这是当下很多私募人士的共识。彼得·林奇曾说："家庭主妇在超级市场或百货商场选购商品时，最有资格发掘出好的消费类股票。"

长期来看，品牌消费会轻松跑赢通胀。美国在过去50年中，标普500中涨得最好的20只股票，就包括了雅培、辉瑞、可口可乐、百事可乐、高露洁、箭牌等，这些股票都具有一个共同的特点，那就是本身都是顶尖品牌，且都身处消费品领域。

品牌消费品具有抗通胀的特质，它们不像周期性品种那样会大起大落，可以被我们较长时间地持有。同时品牌消费品存在壁垒和一定程度上的垄断，因此在持续盈利能力上很有保障。

投资的灵感大多来自于生活，消费投资观念的精髓就在这里。

巴菲特的投资哲学是寻找那些行业情形最容易理解的企业。彼得·林奇也认为："如果投资人在30秒里说不出他们所投资的公司是做什么的，那么他们就很难在投资上获得成功。"

只是人们心理上有一个怪圈——人人都懂的公司，太缺乏挑战性。很多投资人对难懂的行业最有兴趣，尤其很多男性更是如此，也许，这能带来一种征服感，一种超人一等的感觉。现今在全球各地都引起了投资人兴趣的物联网科技股就是一好例子。如果你想靠买对股票而在人前炫耀，你会选麦当劳、可口可乐、迪士尼呢，还是选几家没人知道是在干什么的科技股呢？当然是后者了，因为后者提供了"人人不知、唯我独醒"的炫耀机会。

投资的目的就是要赚钱，绝对不是为了炫耀。最赚钱的企业最容易被看到，所以那些成熟的私募机构会选择一个很明显的途径：选择那些非常简单的行业和公司，简单到无聊，简单到普通投资人都因为其沉闷而不想持有的股票，比如云南白药、茅台、张裕等公司。这和巴菲特的认识高度一致。

巴菲特的成功秘诀很简单，用他自己的话说，就是"专门挑选那些一尺高的栏杆"，轻松跨过去，而不是"专找那些七尺高的栏杆"，尝试跳过去。

投资不是跳水比赛，如果你买入了"很难懂"的公司，即使买对了，也不会像跳水运动员那样通过难度动作得到额外加分。

理性投机

"**投资**是根据详尽的分析，进行本金安全和满意回报有保证的操作。不符合这一标准的操作就是**投机**。"这是格雷厄姆给投资与投机下的定义。根据这一定义，股票投资无疑应当追求在有较大把握的基础上实现你的获利要求。

但问题是，这个"较大把握"归根到底还是属于主观判断。但一切必须由市场来决定，市场永远是客观的，行情永远有权利在任何点位或涨或跌或平，市场也将用它的变化无常、云谲波诡证明多数人在选择上犯下的错误。

股市中存在太多的"悖论"，"价值投资"其实更像是一道"空心菜"——华而不实，要投资人天马行空、自己发挥想象。私募当然不会靠想象去投资。

私募分为两类：一类是股权私募（PE）；一类是证券私募，即通常讲的阳光信托。这两种私募改变了什么？改变了人们数钱的习惯。试想，股权私募基金是怎么数钱的？数倍数，只有这样才能弥补成功率。投资十个项目有两个成功，可以让全世界都知道，但是八具"死尸"必须收好了。所以私募股权基金把"按倍数数钱的方式"变成一个新兴产业。证券私募作为证券市场上的职业玩家，是数百分比的。因为没有权利让客户赔钱，所以必须以绝对投资回报为理念。

有个私募基金经理赔了钱还在讲他所谓的价值投资理念，当场有人站起来说："我是你的客户，跟了你一年，我的一条体会是，如果你坚持你的理念，最好用你自己的钱。用我的钱来坚持你的理念，这对我不公平。"

这说明了什么？大家都在讲价值投资，但是在私募基金行业，这么认为就错了。把客户的钱赔进去了还要给客户讲道理，那是公募基金的特权。私募基金存在的价值只有两条：第一，你不能赔钱；第二，永远记住第一条。

投资与投机有明显的区隔吗？这个问题值得商榷。投机就是投资机会，做任何事都是投机。你做事，没有机会怎么做？

投机的英文是 speculation，投机者是 speculator，后者原来的意思是在瞭望台上预先发现风险的人，并没有带负面色彩。

广义上讲，人们所有的行为都是投机——我们过马路，可能被车子轧死；买香烟，可能买到假烟；去餐馆吃饭，可能吃的是地沟油烧出来的菜，等等。我们生活中的每一个行为、每一个选择都在"碰运气"。只是这些不好的事情发生的概率都小得可以被我们忽略不计。

其实，投资和投机之间并不是泾渭分明的，很多时候两者都纠缠在一起。有连续的一致性交易原则的投机，本身就是一种更成熟的投资。投机也并非一无是处，歪打正着的收益有时候比一门心思的投资更理想。这个时候，即使是投机，也要坚持做到"理性投机"。

投资进、投机出，是为理性投机。这个"机"说的就是波段操作。以"投资"的心态选择那些被低估、有潜质、极具成长性的优质股票，逢低吸纳，方能为日后的成功"投机"打下基础。

"投资"属于长期行为，我们要有胆识和理性，要把目光放远，抱着"投资"的目的长期持有，给股票充分成长的空间。长期投资并非死捂不放。投资股票主要是做"势"，市场风云突变，当你买入股票后，大盘突遇系统性风险或短期涨幅过大都会导致股票处于阶段性顶部而面临调整压力，此时就应随机应变，顺势先卖出手中的股票规避风险，待到风险得以充分释放后再回来。如此利润最大化的波段操作就是"理性投机"。

这种"理性投机"才是价值型私募真正坚持做的。

选对行业赚大钱

投资顾问总会给客户灌输这样一个理念："尽管股市会回落，甚至会出现股灾，但不要对股市失去信心，因为长远来看，股市始终是会回升的。只有乐观的投资者才能在股市中胜出。"这句话的意思是，投资者付出的是时间，但只要熬得久，就一定能赚到钱。真的是这样吗？

单从历史经验看，股票指数确实是长期上涨的，但是，历史的经验也显示出另外一个事实：指数长期上涨，但有几个人跑赢了通货膨胀？

以1992年到2006年美国一些行业的赢利能力看，能不能选对行业决定了投资资本收益率的高低。另外，你所选企业所属的行业能否长期生存下去也很重要，比如银行业。以英国银行业为例，100年前银行业比重占社会行业的15.5%，100年后占16.5%，这种行业是可以长存的；1900年，英国铁路业占整个行业领域49%的市值，百年以后只占0.34%；纺织业当时占5%，百年以后变成0%……如果你选择了一个行业，它100年前占整个社会行业领域的20%，100年后这个行业的比重变小甚至消失了，那么这种投资就容易导致失败。有些行业变化很快，比如一些高科技企业，它们的发展周期很短，选择这类行业进行投资就非常困难。另外，我们最好选择那些周期性偏弱的，就是说经济好的时候，它有不错的销售额，当碰到差的环境时，它还能带来很好的回报。投资这种稳定行业中的企业，胜算应该更大。

——《时间的玫瑰》

指数长期上涨这个"规律"，其实并没多大意义。不过，可以换个角度来看：通货膨胀必将让股市总市值持续膨胀，只有那些能够在指数构成中，长期保持一定分量的行业，才能让你赚钱。

因此，行业选择就至关重要了。

行业的发展趋势决定了企业的成长性。买股票首先选行业，选好行业可搭乘"顺风车"；选错行业，将跟着行业不景气的破船，一路下沉。如何选择行业呢？可从以下四个方面着手：

1. 行业竞争强度

竞争对手少，一块大蛋糕几个人吃，大家都能吃得很饱。如果很多人来瓜分，你所投资的公司可能只能吃些叉子、盘子。

一个行业的竞争程度越高，企业经营难度就越大。竞争高的行业往往是其进入门槛低造成的，身处其中的企业不得不打价格战，难有更好的经营策略。企业总生存在"战火"之中，能有多大前途？因而投资于此类行业证券的风险很大。

2.行业生命周期

公司处于行业发展的不同阶段，其经营收益和风险程度会有明显差异，进而影响到其股价估值：

（1）投资新创业的公司，风险较大，股价较低。

（2）成长期公司不确定因素的影响较小，收益明显增加，行情相对看好。

（3）整个行业逐渐进入稳定期，少数在竞争中生存下来的企业几乎垄断了整个市场，行业利润也达到了较高水平，风险较低，非常值得投资。

（4）整个行业进入了生命周期的最后阶段，该行业的股价由于利润额的停滞乃至下降，经营风险增大，进而股价也在低位徘徊。

依据以上标准，该如何定位你所投资的行业，你应该做到心中有数。

3.行业景气分析

一般来说，生产资料、耐用消费品和奢侈性消费品的生产受经济景气变动的影响较大，这类行业的股票被称为**周期性股**。

生活必需品、必要的公共劳务与经济景气变动的关联较小，社会需求稳定，因而这类行业上市公司的赢利水平相对稳定，其股票被称为**防守性股**。

要是实在无法把持住自己的投机心态，你可以试一试那些"防守性股"，这样风险相对可控。

4. 行业赢利属性

你所投资的公司最好不需很多行政管理工作。管理是不赚钱的，销售才能直接带来利润。一个企业管理的工作越少越好，销售的工作越多越好——要用更多的时间去销售，利润主要来自市场。

制造型企业在这个方面没有多少优势，消费垄断型企业（比如茅台）就很符合以上标准。

买股票就是买公司

投资中充满了"模糊的正确"与"精确的错误"。你可以不知道一个人到底重多少斤，但一眼就可以看出这个人的胖瘦。投资只需"模糊的正确"就足够了。

其实从事价值型私募的人并没有太标准的选股办法，他们也不会每天都去探寻交易机会，而总是把心放慢，追求"模糊的正确"——碰上一个是一个，反正赚钱也不需要有很多目标（巴菲特说"一年一个主意就够了"）。有时你感兴趣的目标会自己跳到你眼前，当然，前提是你得能看见。多留意、多琢磨各种新的东西，多和业内的朋友聊天，笑谈之间就会出灵感，很多机会都是很偶然的。不过这些投资者一旦瞄准一个投资对象，就会做足打大战、打持久战的准备："买股票时总是假设：如果有足够多的钱，是否愿意把整个公司买下来。"

价值型私募选股、择时的整体思路可概括为：立足最坏，争取最好！

股市如果关了，股票不能转给别人，你就成为公司永久的股东了。如果买得不对，公司盈利没有保障，乃至破产清盘，你就可能血本无归。以"买下整个上市公司"的心态来判断是否值得买这只股票，你就必须得考虑，自己有多大的信心能买下这个公司的股票？你愿付出多大的代价成为公司永久的股东？以上则为"立足最坏"。

至于"争取最好"，说的是实力强庄有能力操纵个股乃至大盘的行情，价值型私募则坚守自己的"能力圈"，只追求"战胜时间"。后者不做趋势和短线，也不听消息炒股，只研究企业，研究其所在行业的发展前景，看企业的管理团队是否优秀、是否诚信，然后选择好的公司中长期持有，一般持有 3~5 年。

我们可以把市场当成提款机，但是最终密码的生成需要一定的时间。正确的密码在今后 2~3 年才可以出现，我们才能提现。此外，有品质保证的股票不可能总是那么便宜！

好资产更需好价格

做投资的人无时无刻不在面对不确定性。排除特殊因素，如公司破产等，对冲不确定性最好的办法就是低价——足够低的估值是对风险和不确定性最好的补偿。发现低估的投资标的是私募人士投资研究的第一目标。每次危机发生的时候都是各种负面不确定性迅速放大的时候，此时如果你对目标资产的估值有相当的理解，而且此类资产彼时的价格格外便宜，你又恰好手握相对稳定的资金，就一定要敢于出手，并忽略短期有可能出现的浮亏。

重阳投资董事长裘国根先生曾提出一个问题："有些人没上过大学，甚至只是小学学历，但投资业绩却超过经济学博士，这种现象如何解释？"裘国根给出的答案是，很多（成功的）人或许没学过证券投资或商科知识，但是会严格按"数学思维"做事和做投资，而后者才是投资的关键。

投资的"数学思维"包括两个关键要素：一是，不干不可逆的事情，"如果输了没机会翻本的生意或投资，那就绝对不干"；二是，朴素地知道有些表面看上去财务风险很大的事只要有足够的风险补偿，而资金安排上又稳健的话，就值得做，而且极有可能大赢，比如在 2008 年第四季度出手买股票和土地的商人，显然深谙此道。

很多时候，价格好坏要比资产品质好坏更重要。

苏宁电器是中小板公认的牛股，至2011年底复权后的股价是1050元，2004年时每股发行价16元多一点，当天收盘价35.85元，按收盘价算，7年涨了29倍左右；要是按发行价算，7年涨了64倍多。据说发行路演的时候还有人质疑张近东11.4倍的市盈率是不是高了。

假如苏宁电器发行的市盈率是100倍的话，那它上市以来的成长又是多少呢？计算的结果是，按当天收盘价算，7年来只涨了3.2倍；按发行价算，7年来只涨了7倍。这个表现也还不错，但与其他长期牛股相比较，在股民群体中，应该就不会出现如今这么好的名声了。

想清楚这一点我们就能明白了：**再好的股票也要合适的价格才能介入**。

2010年中小板及创业板发行的市盈率都是60倍以上，高的甚至达到140倍，就是它们有苏宁的成长幅度那又如何？要知道苏宁从2003年到2008年净利润的年复利增长基本都在100%以上。

大多数情况下，市场的定价都是基于"过于乐观"和"过于悲观"的，所谓的"合理价格"倒更像一个匆匆赶路的。

如果好的股票与好的价格不能"兼容"该怎么办？我们有两个选择：一是，持币等待。只要不买股票，你就永远不会赔钱，某些时期，空仓也是一种投资，不赔就有机会；二是，先不管当前的价格，扪心自问对投资标的到底能够看多远、看多高，"为什么看这么高"，这个问题的答案才是关键。

尽量从较低的位置买入。但是，这通常是可遇不可求的，比如持续增长多年的沃尔玛。沃尔玛的收入由 1971 年的 7800 万美元，增长到 2006 年的 2600 亿美元；纯利润由 290 万美元增长到 90 亿美元；股价自 1972 年上市以来，34 年时间涨了 1343 倍。要在这其中等到一个"低点"，是很困难的。所以，选对价格这一点是次要的。因为对于长期投资来说，如果一个企业足够伟大卓越，它就拥有了足够的抵抗风险的能力，高 PE（静态市盈率）也能够变为低 PE。

如果你喜欢"十倍股"，认定中国正处于盛产十倍股的历史阶段，那就应该认识到广阔的成长前景是另一种最好的安全边际。所以，找到一个未来可以看得很远很高的标的是降低长期投资风险的一个基本策略。

价值投资绝非买入不动，好的公司也非任何时候都会上涨——优质股票并非在任何点位都可以买入，只有股价低于内在价值的时候才有投资的价值。

巧妙利用市场波动

扪心自问，进入股票市场，当局者迷的你，最想知道的事情是什么？是明年的股票价格？不！是下个月的股票价格？不！是下周的股票价格？不！潜意识里，你最渴望知道的是今天下午最多明天上午，股票价格的走势如何，市场会怎么样。稍微长远一点的事情你或许会去思考，但是兴趣不会很大。这是大众最真实的心理状态。

所以，任何预测市场短期波动的工具、秘诀、技巧（图表分析）总是受到大众最热烈的欢迎。在常人眼里，这是最真实的，能够马上得到检验，迅速看见效果。离他们稍远一点的东西，往往因为无法有立竿见影的效果而显得虚无缥缈。

> 要利用市场短期经常无效、长期总是有效的弱点，实现利润。
>
> ——"国内复制巴菲特最成功的私募人士"　李驰

市场波动源于人性，理解和利用人性的弱点，是另一种赚钱方法。整个生物世界经历了上亿年的演化，人类文明才几千年，几千年里要把人性中不好的东西都进化掉，这是不太可能的。就拿股市在荷兰诞生之后的这400年来说，人的贪婪和恐惧没有任何变化，都是看见跌就害怕、看见涨就蠢蠢欲动，过几年就一个轮回。这个波动很简单，如果用 PE 的高低来设定一个区间，低的时候是 10 倍甚至才几倍，高的时候是 30 ~ 60 倍。400 年来，股价永远在这两条线之间波动。你掌握了这个规律，再加上足够的耐心，就可以赚大钱。

以投资的心态买入优秀公司的股票，买的时候 10 倍 PE，卖的时候也是 10 倍 PE，但如果到卖出那年公司业绩翻番，那就赚了一倍。要是市场疯狂起来，也可能卖到 30 倍 PE，结果就赚了三倍。当初买的时候只求不输，没想要赚多少，但是以这种心态买的股票往往都赚了很多。

"内在价值"是一根隐形标杆

没人真的知道什么是真正的价值，我们真正应该看重的不是企业的盈利情况，而是一种公众心理。人们在投资方面的思考普遍受到情绪、希望和观点的影响。证券投机主要就是 A 试图判断 B、C、D 会怎么想，而 B、C、D 反过来也作着同样的判断……这些看似有道理的价值分析实际上并不能帮投资者解决什么问题，甚至只是给投资者又设下了一个心理陷阱。

——知名财经评论家　杰拉德·M.洛布

价值投资的逻辑是要找到企业盈利的根本，跳出这个心理陷阱。投资者的注意力不要放在行情上，而要放在股权证明背后的企业身上。通过注意企业的盈利情况、资产质量、未来前景等诸如此类的因素，投资者可以对公司独立于市场价格的内在价值形成一个概念。依据这个概念作出的投资判断可以避免轻率、浮躁带来的盲动，减轻市场波动对投资人造成的心理压力。

这个过程当中，倾向于维持惯性和现状是一个重大的心理陷阱。举例说，对一家过去三年盈利年增长 20% 的公司，预期来年盈利再成长 20% 看上去是合情合理的。然而，你可能已堕入了思维惯性的陷阱。经验表明，盈利能在数年间持续增长 20% 或以上的公司为数不多。随着公司规模越做越大，增长的难度亦相应提高。当一家公司的盈利由高速增长迈向低增长时，市场的惩罚是很惊人的。举例说，市场估计某一公司的盈利能在未来数年增长 30%，就会给予该公司 30 倍市盈率的估值；一段时间过后，基于某些原因，市场预期这家公司的盈利于未来数年只能增长 15%，于是，就只给予这家公司 15 倍市盈率的估值。尽管 15% 的成长率并不差，但由于估值被下调，该公司的股价甚至会下挫 50%。

对待价格波动的"正确的精神态度"，是所有成功的股票投资的试金石。

——本杰明·格雷厄姆

股价的波动自然是变化无常的，人心的走向固然是极难预料的，但是你的心中务必要有一根价值标杆，否则你的心将无处依托。

一种以事实——比如资产、收益、股利、明确的前景——作为根据的价值（内在价值）是客观存在的，它有别于受到"人为操纵和心理因素"干扰的市场价格。企业"真正的价值"确实无法被确切地表述出来，但这并不能否定企业内在价值的客观存在，也丝毫不影响分析、评判它的存在价值。

过去41年，巴菲特有39年的投资回报率分布在0~50%之间——仅一年超过了50%，1976年净值增长59.3%；也只有一年业绩为负，大部分时候的投资回报率都在10%~20%。在这41年间，巴菲特的表现有时候平庸，有时候精彩，但从来没有过暴利，也没有大亏。最终结果是这41年的年均复合增长率为21.5%，共增值3052倍。（数据源于重阳投资）

股票市场已经存续200多年，背景在发生深刻的变化，但有一点没变，即投资人想赚快钱的想法没变，但想赚快钱恰恰是获取长期复合增长的天敌。基于"价值中枢"的理性投资逻辑，是寻求财富平稳有序增长的精神态度。

资产"内在价值"是一个隐形中枢，机构投资者的专业精神正是基于"价值中枢"形成务实的投资逻辑。

现金，现金，还是现金

用一毛钱买进一块钱的东西，就是巴菲特反复强调的"安全边际"。巴菲特"护城河"的概念源于"安全边际"，又融入了他自身实践的总结。

巴菲特有一个很有意思的比喻——你可以买可口可乐的股票，但喝的却是百事可乐。投资者追求的是公司长期持续地给消费者提供真正有价值的产品，而消费与投资往往不是一回事。这可以在一定程度上解释，为什么国内外房地产业都很难产生伟大的公司。快速消费品每天都有大量的消费，持续的收入容易为企业建立很高的"护城河"。

房地产界的名言是：地段，地段，还是地段。挑选优质上市公司，私募基金最看重的是现金，现金，还是现金。

国内私募人士都喜欢外出旅游，而且偏爱去日本，能近距离观察日本公司。松下、索尼、丰田和京瓷这些世界 500 强企业居然基本没有负债，丰田不仅没有负债还有 370 亿美元的净现金。而储存现金反映了企业的心态，表明其有强烈的危机意识——在资本环节为自己构建了强大的"护城河"。

国内多是扩张型的公司，这类企业负债率很高，都是假设产品利润率很高，需求是无限上升的。可是企业历史不是那么回事，有九成中小企业都于十年内倒闭。

表面上看，高负债增加股东的回报，但是过了某一个"度"，就开始伤害股东了。相信投资人能想象到大量高息借款的公司，是如何天天在危险中度日的。管理层整天在融资，无暇管理企业。高负债公司的股票往往看起来便宜，实际上并不便宜。

"关键是企业扩张不需要投很多钱，也不需要股东出资，尤其最好没有固定资产投资。"理想的状态是，如果投资者密切关注市场前景广阔、现金流持续而充沛的上市公司，如果在这类公司早期就介入，股东在后期几乎不用考虑公司的再融资，因此对于这类公司的股东而言，无须任何成本就可以分享上市公司的成长带来的好处。

不敢相信自己有过人之处

那些价值投资的信奉者也许会说，关键点在选择好的企业。但同样的好企业，今天可能 PE 估值 30 倍，下一个阶段可能 PE 估值 15 倍，再一个阶段 PE 可能估值 50 倍。你怎么能判断出 PE 估值 50 倍的企业就一定不能投资？如果超过 50 倍 PE 不能投资，那么之前低 PE 时买入的股票是否又要卖出？如果超过 50 倍 PE 不能投资，而早期的头寸又因为"高估"不再坚持，又如何在沃尔玛、星巴克、微软、Google 等伟大企业的身上赚取足够多的财富？价值投资是否也要进行"荡秋千"式的高市盈率抛出低市盈率买入的游戏？

茅台从 2001 年上市以来，有过几次大起大落，有过相当长一段时间的萎靡不振，更反复出现在不少人的账户中。恭喜，你眼光独到，不畏高，敢为人所不为，买对了。不过遗憾的是，即便 2008 年大盘最熊的时候，茅台的复权价也涨了 20 多倍，然而，大多数人都没赚几个钱。

很多时候，大家都知道那是一只好股票，就是拿不住。更有一些不幸的人，几乎所有翻倍的股票都碰过，但自己就是在涨一点的时候就卖了。这个问题实际上是长期投资者面临的真正困难，是长期投资者遇到的真正的挑战，也是关系长期投资者成败的硬功夫。

这其实是一个心理问题，你不妨先从相反的方向思考，扪心自问：频繁的交易真的能带来利润吗？有很多投资者认为高点卖出、低点买入可以挣得比长期持有更多。但是历史一再证明，这个想法完全错误。就说深证成指从发布以来，那些年涨了很多倍，但有几人跑赢过它，能够跟随指数、获取平均利润就已经是绝顶高手了。没有人能靠投机战胜指数。

频繁交易并试图通过交易获利的投资者，从来没有在获利上超越过长期持有者，也从来没有跑赢过大盘，这是一个铁的事实。**靠交易挣钱的投资基金，无法长久打败大盘指数**。这个结论是美国众多基金管理师经验的总结，也是金融领域几十年实证研究的一致结论。

认为"自己远比一般人强"，这种过于自信的态度是频繁交易的个人和基金跑不赢大盘指数的重要原因。在逻辑上，怎么可能大多数人的能力都比一般人强呢？市场中有数以万计的聪明大脑和你一样，都在试图变得比大多数人更聪明，这数以万计想要超越其他人的玩家，其行为最终导致的结果是股价变成了短期不可预测和不可预期的局面，因此对于短期趋势和股价的判断永不可能持续正确。

千万不要相信自己有过人的投机水平，投机心态可怕、可恨！一个投资者的成熟，往往表现在他的"心慢"，心慢才可能稳重，轻率容易引发灾难。

减少操作次数本身就可以避免不必要的失误和风险，也就是说，你只需要简单地把交易次数减少，就可以在其他能力不提升的情况下，在投资收效水平上获得提高。

可口可乐公司于1919年上市，那时它的股价是40美元左右。一年后，股价降了一半，只有19美元了。这看起来是一场灾难。瓶装问题、糖料涨价，总有这样那样的原因让你觉得当时不是一个合适的买入时机。一些年后，市场又发生了大萧条、第二次世界大战、核武器竞赛等，总有原因让你选择观望。如果你在一开始以40美元的价格买了一股，然后你把它派发的红利进行再投资（买入可口可乐股票），一直到现在，那一股股票的价值是5000万美元。这个事实压倒了一切。如果你看对了生意模式，你会赚到很多钱。

切入的时机是很难把握的。所以，如果我拥有的是一个绝佳的生意，我丝毫不会因为某一个事件的发生，或者该事件对未来一年造成的影响而担忧。财政货币调控，该发生的总会发生，但它决不会把一个杰出的企业变成一个平庸的企业。

——《巴菲特自述：我的城堡和我投资的 5+12+8+2 法则》

你为什么要买这只股票，你想通过这只股票实现什么目的？对此问题，你要有明确的答案。有人会说："炒股就是为了赚钱。"这没有错。但你不能只停留在这个境界，你要知道，境界决定世界。买入股票还有一个更重要的目的——你想通过持有这只股票成就你的事业。

这样一个目标便是你选择股票的标准，同时，也是你持股信心的来源。它必然地决定了你将和这个企业同生死、共存亡。这个企业就是你的一切，就是你人生成败的关键。你怎么可能轻易地在赢利一点儿的时候就卖出自己持有的股票呢？人生的成功、理想的实践难道是一个 10% 或 20% 的涨幅可以达成的吗？如果不是几倍、十几倍的成长，那叫人生的成功吗？投资人只要这么想、这么做，自然就不会被小利所迷惑。

国内私募大佬赵丹阳经常说："投资和人生很近，离市场很远。"

"人生""做人"一直是赵丹阳投资语言中的关键词。他曾经邀请一位年逾花甲的老记者给基金经理作讲座，讲座的内容无关股市，而是"人生的坎坷""对人生和财富的理解"。

1988 年，55 岁的巢中立变卖家产凑足 10 万元，携妻儿南下闯荡。万科首次发行股票时，个体协会动员所有参加会议的个体户买股票，抱着"只当买了国库券"想法的巢中立斗胆买了 3000

股，不久，股票就从1元／股涨到了28元／股，他全部卖掉，轻松赚了第一笔钱。尝到甜头的巢中立迅速投身股海，并在很短的时间内聚集起千万身家。轻易到手的财富，改变了他人生的轨迹。其后，巢中立离婚、结婚、和一个又一个女友分手……生意每况愈下。

2005年，七十多岁的巢中立在常德悬梁自尽。

与之同时，王石的老朋友刘元生为了义气认购了360万股万科股票，这一认购就是20年，现在刘元生的这笔投资已经价值20亿元左右了。

同样的机遇，成就了刘元生，也给巢中立打开了一扇不同的门。如何把握机会，如何把握财富，如何做好自己，我们不妨通过以上这个例子好好感悟一下。

第九章

发掘公司价值，回归投资智慧的原点

电影明星和电视主持人在上镜时都要化妆。不是因为长得丑，而是镜头需要，灯一打下来，不化妆的脸就会显得非常平，必须化了妆才有立体感。

很多女明星和女主持人化了妆会好看很多，主要是气质有了变化，而不是五官。卸了妆，她们当中很多人可能就算不上美女了。企业上市前后的差别，差不多也是这样。

企业的"化妆师"和"按摩师"

证券公司的投资银行部和审计师吃的，都是上市公司的"饭"，所以，多多少少会站在上市公司这一边。他们按照固定的流程进行调研、审计，原则上不对对方提供的材料进行真伪判断。在不违法、不违规的情况下，只要能过得去的事，投行人士和审计师都会让它过去。上市公司是客户，审计和投行是"按摩师"，客户让他们按摩哪里，他们就按摩哪里，不能乱来。"按摩"后，上市公司说"给点意见吧"，投行和审计最想给的意见就是"摸到真货"了——真相为王嘛！可是，他们因为受雇于上市公司，理所当然要帮企业"上妆"，挖掘亮点，帮助公司寻求上市的最佳时机和最高定价。

一家很多方面都很破烂的公司，经过投行人士的梳理，对财务报表、业务战略和经营理念做一番包装，再用 PPT 幻灯片演示出来。即使是专业人士甚至是了解内幕的人士，也会产生幻觉：这公司还挺像那么一回事！

很多上市公司的高管们在私下都承认，不管是 IPO 路演（即公司上市前的推介会），还是公司上市后的常态营销，他们一不留神，就会把自己

"忽悠"进去。很多事情原本是想诱惑投资人的，讲多了自己也觉得前景很美，自己也会斩钉截铁地相信。

这就是"企业化妆师和按摩师"的神奇功力。基金经理和其他机构投资者看了PPT幻灯片和招股书，再看看公关公司的推介材料、媒体报道和分析师的报告，很难不心动。

过度的包装等于在隐瞒真相。如果上市公司管理层也陶醉其中的话，对于企业的管理和务实经营，绝不是什么好事。

一个公司是否上市并没有那么重要。上市只是一个融资的渠道和分享成功的方式。把注意力过分集中在股价波动和估值水平上的人，会忽略更重要的公司商业模式、公司前景和诚信。

其实，上市公司更有条件和利益动机做一些不诚信的事，国内外都发生过类似的事：公司高管们串通一气，审计师、分析师、券商等同流合污，一起往市场上丢垃圾，最后的结果是公司股票估值水平越来越低，而上市公司的品质丝毫没有得到提升。

为什么他们能得逞？关键是主持正义的人不强势，"做空大师"吉姆·查诺斯有句颇令人深思的话："尽管200年以来，做空的投资人在华尔街声名狼藉，被称为非美国主流、不爱国，但是过去10年来，没有一件大规模的企业舞弊案，是证券公司分析师或会计师发现的。几乎每一件财务弊案都是被做空的投资机构，或是被公正的财经专栏作家揪出来的！"

找寻投资风险的本源

亚当·斯密说过，金融不创造价值，不会增进社会财富。金融家其实是在分享实业公司的利润，因此，金融风险最终也源于实业生意。

在生意场上，赚钱是很难的，持续赚钱更难，持续赚越来越多的钱更难上加难。生意场上的赢家往往很受追捧，但是输的人数更多。

李嘉诚深知做实体生意之难："不要跟我讲，第一年第二年能挣多少钱，只要告诉我，钱投下去三年以后，本钱还在的可能性有多大？"

因为好生意太少，投资者不容易找到好股票，银行业想发掘优良的放贷机会也变得越来越难。而利润率好的企业往往不缺钱。国内有些民营企业家性格很强势，比如宗庆后（娃哈哈）、陶华碧（老干妈），他们都坚持企业不上市、坚持零负债。

有些行业赚钱很难，但融资需求极其旺盛，比如航空、钢铁等，身处这些行业的公司销售额能做得很大，同时也需要不断增加的"资本投入"，比如飞机要定期更换发动机，炼钢厂隔几年要对机器设备进行技术改造。这些昂贵的投资导致企业利润率异常低下，而且经常需要向股市或银行伸手再融资，在投资者看来，这真是最糟糕的生意。

很多时候，银行家、投资者也要像企业家一样思考，从诸如盈利能力、市场地位、创新、生产力、实物和财务资源、管理者表现和发展、员工表现和态度、企业社会责任等多个方面，全面评估企业经营风险。

1. 盈利能力

企业赚再多钱，也没有回报公众股东的意愿。股息率是多少，公众股东做不了主；企业更不会愿意回报银行，因为贷款利率是议定好的，不会变的。

企业需要利润来支撑"为达成企业目标所花费的成本"，所以，利润等于未来持续经营的成本。

利润率太差的"重资产企业"一定会给银行带来风险。

比如汽车、船舶、光伏和有色金属行业，要投很多钱做设备改造、生产线更新，这个钱是必须投的，如果生产率不高、成本降不下去，就没法与对手打价格战。

对于很多工厂型企业来说，不论前期积累了多少利润，都会消耗在持续不断的"固定资产投资"上，你自己做技术升级是很耗钱的，但对手的技术升级会逼着你耗钱。这类"重资产企业"除了耗自己的钱，也要耗银行和股东的钱。

2. 市场地位

中国有很多"自带护城河"的企业，比如电讯、石油、铁路、港口、机场、供电、供水、燃气、保险、医院还有烟草等企业，这些行业内都没什么竞争，企业的市场地位极其优越，这些企业无疑都是银行眼中的优质客户，投资机构圈定的优选标的。

企业的利润空间都是在市场竞争中被不断蚕食的。企业的实力会在那些不能获取数一数二领先优势的事业中被削弱。巨额的收入、丰厚的利润，通常与之相伴的是市场占有率的领先——这会给企业带来"财务上的灵活性"，这一点是银行家和投资者最看重的。

当你的企业只位列市场第四或第五名的时候，"老大"打一个喷嚏，你就会染上肺炎。而当你成为"老大"的时候，你就能掌握自己的命运。

3. 创新

创新风险极大，模仿好处甚多。美国《福布斯》杂志曾做过统计，每48 项重大创新中，有 34 项在试验期间就已被他人模仿，现今品牌模仿比率已经超过 80%。开创者随时要准备"背后挨刀"。而模仿者呢，却能节约研发成本，减少营销和广告投入，还可旁观别人的试验成效，规避高昂的试错成本。

而如果不做创新，总是山寨别人产品，就像那些山寨手机厂商一样，企业绝对是没有前景的。那么，创新做到何种程度才是金融家希望看到的？

"不要去重新发明轮子""超过 30% 的创新是浪费"……不一定要创造出新的产品（功能），但必须包含新颖或独特的成分，必须让潜在顾客把你的产品归为新的品类，能给客户带来新的消费体验。

创新不是给专业人士看的，关键要让顾客有感觉！银行和投资机构会从市场反应判断企业的创新成效。

4. 生产力

衡量生产力，就是衡量企业领导者的能力，显示出企业是怎样有效地得到并利用资源的，以及这些资源的产出是多少。

一般而言，金融机构会从以下三个方面评估企业的生产力：

（1）企业资源利用的有效程度。

（2）净资产的增值情况。

（3）企业是否有方向感。

缺乏生产力目标的企业将失去方向，缺乏生产力衡量标准的企业将失去掌控。金融家可能只需要透过几个细节，就能感知一个企业的生产力状况。

如果企业领导者总是沉静不下来，忙着四处搞营销、搞投资、搞公关，没时间去控制企业内部运转的流程和节奏，企业就一定会在生产力目标与衡量标准上出现问题。

什么叫领导力？就是领导要能掌控全局，能举重若轻。

领导者本不应该很忙的，忙则生乱。

金融家最欣赏这样一种企业领导者：沉静、少言、少露面，这样的领导反而能跟"企业肌体"保持最密切的接触。"沉静领导"的本质是务本，是养精蓄锐。

5. 实物和财务资源

现金流脆弱的企业和行业，需要金融家审慎面对。什么因素会导致企业现金流脆弱？

比如，中国的钢铁行业集中度低，而铁矿石又被国际三大卖家（淡水河谷、必和必拓和力拓）所垄断。卖家店大欺客，进行价格垄断。受制于原材料供应来源，国内钢铁企业的现金流异常脆弱。

比如，中国汽车和计算机制造商，因为关键零部件受制于人，利润和现金流都受到挤压。发动机是汽车最关键的零部件，而国内汽车发动机50%以上的市场份额被外资控制。Intel 投资 30 多亿美元在成都和大连设立工厂，一块处理器的毛利率超过 60%，而联想卖的电脑整机，毛利率还不到 5%。

如果一个企业在其所在的产业链中始终处于不利的位置，利润率一定好不了。企业因利润率差导致的"钱紧"以及持续不断的融资需求，是金融家最需要警惕的。

6. 管理者和员工的精神态度

很多隐性风险，从财务报表上是看不出来的。银行经理和机构投资者需要亲自去感受公司氛围。

由于人力资源的产出太不确定，早上起来，连你自己都不知道今天对公司的贡献会是多少。除了个人能力因素，公司的外在氛围也很关键。彼得·德鲁克说过，人们对氛围的敬意，永远比老板的一句话管用。

公司氛围变坏的原因，要么是上层激励不足，企业人浮于事，混日子的人太多，干活的人心里不舒服；要么是管理不规范，员工行事太随意；要么是制度过于严苛，公司处处弥漫着"杀机四伏"的压迫感。

判断一个公司有没有前途，你可以从前台一直走到老板房间，在此过程中，你会经过很多员工区，你看一下这些员工的面相和他们眼中的神色。如果那些员工的眼中暗淡无光，脸部肌肉多是横着的，那不得了，这种公司一定做不长，环境太压抑了。尤其现代商业都讲究服务导向，卖产品的最后都变成卖服务的。如果公司员工一个个都是满脸的"苦大仇深"，这种公司，就算它的产品再好、管理再严格，最后也活不长。

7. 企业社会责任

金融家不喜欢与老谋深算的企业做生意。那些习惯于使奸耍诈的企业主，算计员工，欺蒙客户，压榨供应商和经销商——这是在"炒短线"，会有很多意外发生。意外带来的往往都是风险，而金融家都是厌恶风险的。

做生意，要关注长远的钱。"药王"乔治·默克说过："药是为了救人的，不是为了赚钱的，但药卖得好，利润会随之而来。如果我们记住这一点，就绝对不会没有利润，记得越清楚，利润就越大。"

责任和信誉，是在为企业创造长远的商业价值。

三类人眼中的公司价值

财务和会计专业的人士，通过对一个公司的净资产，如收入、利润、自由现金流以及商誉的综合估算，可以大概知道这个公司值多少钱。但这只是这个公司现在的价格，而公司管理层大多相信，自己公司的内在价值远远高于现在的价格。

到底什么是公司价值？

不同公司的价值要用不同的方法来算。比如，同一个行业的亏损公司和盈利公司的价值计算方法可能完全不同，亏损的公司可能按净资产值和生产能力计算，盈利的则要按市盈率计算。不同行业的公司评估方法也不同。比如，房地产公司的价值要按土地储备计算，餐饮公司的价值可能要按现金流量计算，互联网公司的价值则要按用户量计算。

更重要的是，公司始终是处在动态中的，与公司相关的人和环境每天都在发生变化，所以，公司价值每天都可能发生变化。比如，苹果和三星的关键人物一病不起了，公司的价值马上就会下降；竞争对手的 CEO 跳槽了，你公司的价值可能会上升；重大疫情爆发了，航空公司的价值会下降，而医药公司的价值却上升；石油价格上涨，汽车公司的价值会下降，燃油公司的价值却上升。

不同利益动机的人，看待公司价值的角度有很大不同。

1. 投资人眼中的公司价值

做投资往往追求一种"模糊的正确"，股票的内在价值，存在很多人为的假设和判断。

做生意则是追求一种"精确的回报"，利润和现金流的实际增长才是重点。

要是哪个名山大川，比如黄山和峨眉山，作为旅游景区类资产上市了，从做生意的角度看，重点是这座山的收入来源是什么，收入稳不稳定，维持这个收入需要做多大的固定资产投资；但是从做股票的角度看，投资人则会发挥想象——这么大一座山，又是世界文化遗产，总市值才几十亿元，太低估它了。

一家公司究竟值多少钱，取决于公司的"利润和现金流"，与公司拥有什么样的固定资产——一座金矿、写字楼或者名山大川，并没有多大关系。

一些地产公司和百货公司的股票经常会意外大涨。原因是，在清理这些公司的固定资产时，发现几栋大楼的价值被严重低估。这类情况确实很多。因为会计准则规定，企业必须遵循"历史成本"原则计入资产价值。比如，一个百货公司十几年前买了一间原价 500 万元的仓库，账面价值十几年来都是 500 万元。但是，因为过去十几年地价上涨了几倍，资产增值的部分并没有在会计报表上反映出来，可能那个仓库已经值两三千万元了。

一些投资人或机构总想发掘这样的好事，一些拥有高价值物业的上市公司也在享受着股价上涨的快感。

可是，高价值资源和物业未必能改善公司的盈利前景。公司大量的物业投资所带来的现金收入并不可观，甚至少得可怜。公司长期持有这些物业，又不变卖，对于股东来讲，它的实际意义就只是租金收入。如果是自用物业，那就是租给自己，更没什么回报率了。

如果物业不能带来现金收入，对物业进行重估有什么实际用处呢？

公司完全可以把这样的物业变现，再去投资其他事业。但是，很多公司管理层更愿意坐享物业升值带来的好处，而不愿意多干活。实际上，一些升值物业带给公司意外好处的同时，也在消磨着管理层的事业心，使他们没动力好好做生意。

2. 大股东眼中的公司价值

在投机者的眼中，公司价值就是公司卖掉时能值多少钱。偏向投机的公司管理层，往往很期待自家公司被人高价收购：别人要买我这个公司，是看中了什么？可能是市场份额和分销渠道，可能想获得我的专利技术，也可能想要进入我这个行业，需要我的厂房、我的商标、我的设备和我的管理等。

上市公司每天在做的事情，就是不断地提高公司价值，增加经营利润、减少库存和应收账款、进行税务筹划避税等，这都是基于一个目的：如何让公司的售价更高。

哪怕是那些 ST（Special Treatment 特别处理）公司，自己什么卖点也没有，也把自己定位成"壳资源"，等着被人借壳上市。

大股东们不会不懂这一基本道理：上市公司在业绩释放进入高峰期时，也是退出的最好时机。出于"退出战略"考虑，大股东一定会利用好资本市场的套现机会。

3. 实业家眼中的公司价值

八个坛子七个盖，盖来盖去不穿帮，就是会做生意。

——胡雪岩

公司手中的钱是用来周转的，如同用七个盖子去盖八个坛子，不能穿帮。用九个盖子是浪费，用八个盖子连傻瓜都会，精于"流通周转"才是本事。

简单说，做生意做的就是"流动资金循环"：现金购买库存，库存产生销售，销售带来应收账款，应收账款再转化成现金。

整个过程当中，最重要的是循环的速度。A 公司拥有 10 亿元净资产，每年做 5 亿元的生意；B 公司拥有 1 亿元净资产，每年做 5 亿元的生意，二者的价值是明显不一样的。在实业家眼中，一家公司的真正价值，就是其所能产生的现金流。

沃尔玛于 1972 年在纽交所上市，其价值在之后的 25 年间翻了 4900 倍。其间，沃尔玛股价在 1980 年左右上升最快，1999 年之后陷入长期的股价滞涨。那么，沃尔玛是怎么沦为"僵尸公司"的呢？

20 世纪 80 年代，沃尔玛的资产周转率曾高达 4~5 倍——每 1 元资产能创收 4~5 元；1999 年以后，这一指标不断下降；2006 年，其资产周转率降到 2.5 倍以下；2010 年降到 1.5 倍左右（电子商务给沃尔玛造成了不小冲击）。

收入和现金流就是一切，利润倒在其次。如果资金周转得好，公司经脉畅通，利润是水到渠成的事。

做企业要讲究次序和节奏。世界上有许多事情，如果次序和节奏掌握不好，甚至弄反了，结果一定是好事变坏事。永远记住：现金为王！

如何评估一家公司值多少钱

假如你手上有一大笔钱，准备去收购一家啤酒公司，那么你会如何给它估价？

啤酒公司出示财务报表，其净资产是 10 亿美元，年度盈利为 1 亿美元。你怎么看待这家公司？

你如果是一个企业家，你大概会给出一个实诚的估价：啤酒公司账面净资产为 10 亿美元，其出售价格就该高过 10 亿美元，否则是资产贱卖。

你如果是一个投资家，你多半会按资本市场评估的方法：收购价格一般不看企业的净资产值，而是看其盈利能力。从买方角度看，啤酒公司账面净资产尽管高达 10 亿美元，其净利润却只有 1 亿美元，如果以 10 亿美元价格来收购，则收购的市盈率高达 10 倍——静态来看 10 年才能收回成本，这是不太值得的。

投资家注重资产的盈利能力，而企业家看重资产质量。这两者有什么差异呢？

短期来看，利润率高、赚快钱的资产，就是高质量资产；反之，就是低质量资产。资产的盈利能力决定了资产质量。

但是长远看来，高质量资产，未必总能带来高利润率。举个例子：

香港零售业巨头百佳、惠康、华润万家，为了阻挡外资零售业侵入香港，狠打价格战，香港零售业在长期价格战中维持着不到 5% 的毛利率。诸如沃尔玛、家乐福等国际巨头在香港根本无法立足，除了利润率太低，更关键是香港房地产价格、店租太高，国际巨头都受不了，而香港本地零售业巨头都是自有物业，所以不担心这个。

百佳、惠康和华润万家都是市场地位强势一方，掌握着大量高价值物业，但其销售毛利率只有 5% 左右，而你能说它们资产质量不行吗？

任何行业的暴利或者高利都是不可持续的，最终都会回归到正常利润率。

可是，上市公司往往会在投资人施加的业绩压力下，追求资产的高盈利能力。一味追求短期业绩的高增长，甚至过度融资，用 1 元钱的资本撬动 10 元钱的生意。

快速增长的上市公司总是忙于制订更快的增长计划，有时会忘了增长并不等于发展。在快速增长的时候，如果企业不把利润投在成长速度下降时可能需要的发展点上，当公司的成长速度一旦下降，公司将不再有可用的资金和人力了。

所以，在对一家公司进行估值时，资产的盈利能力只是次重点，资产质量（比如能否快速变现、有多大增值潜力等）才是最需要被关注的。

常有人说，你如果收购某家公司，就等于收购了它的商誉、营销网络和品牌。

商誉产生于企业的良好形象及顾客对企业的好感，这种好感可能源于企业所拥有的优越的地理位置、良好的口碑、有利的市场地位、独占特权和管理有方等。商誉是企业未来发展的保护伞，但是对于企业短期的业绩增长，不会起到明显作用。或者说，商誉对于企业家价值极大，对于投机者毫无意义。

营销网络是公共财产，任何非垄断企业都无法控制或影响营销网络。只要你的产品好卖，千千万万的经销商打破脑袋也会为你效劳。做不出好产品，迟早会被营销网络排挤出局。

品牌是很虚幻的，转瞬即逝。品牌评估师都是慷慨之辈，他们动辄给这个或那个品牌估值几十亿或几百亿。但不妨问问他们，成千上万的破产公司里，那些著名品牌现在市值多少？而一个不能带来现金流的品牌，又能值多少钱呢？

懒公司和坏公司同样可怕

管理学创始人彼得·德鲁克认为，企业存在的目的就是使股东利益最大化。如果企业能轻松做到这一点，上不上市根本不重要。

巴菲特的老师格雷厄姆曾经说过这样一句话："如果一家公司能在可预见的未来实现 15% 的复合利润增长，那么在理论上，它的股价应是与天齐高。"

年复一年 15% 的利润增长，是一个非常不容易实现的成就。如果想做到这一点，你的公司每年都要拓展很多新客户，或者公司产品能定期提价，客户还不会因此流失。

公司规模越大，越难实现高速成长，小公司则往往有很好的增长潜力。小公司有很多优点：基数低，增长快，遇到风险调头快，管理半径小，管理成本低。但是，不利之处是，小船也更容易被风浪打翻。

那些在某个细分市场活得很好、抗得住风浪的小公司，一般不会专注于提高自己的销售额，而是去努力扩大市场占有率。因为一旦销售额变得很大，必然会吸引很多大企业参与竞争。若是那样，辛辛苦苦培育起来的技术和开拓出来的市场，也会转瞬即逝。

1. 最直观的股东利益

一个企业的利润增长率和资产周转率，代表了最直观的股东利益。

资产周转率＝营业收入／期末总资产，表示的是每 1 元资产能创造多少收入。

判断公司管理层是懒惰还是进取，没有哪个指标比资产周转率更好。

85 度 C、星巴克，同样的连锁咖啡店，在星巴克陷入难以逆转的颓势时，85 度 C 不断做大。两家公司在资产周转率上的差距，光靠眼睛就看得出来。

星巴克的店开得很大，但里面客人不是很多，而且客人都在享受气氛，慢慢谈心，一坐几个小时。星巴克有规模很大的店面资产，而销售速度很慢——资产周转率很低。

85 度 C 的店开得很小，但经常有客人排队，而且客人多是买了就走。85 度 C 的店面资产规模很小，而销售速度很快——资产周转率很高。

很多民营企业的净资产虽然只有 10 亿元，但它们能够推动 100 亿元的年销售额，实现 20 亿元的利润。反过来，有些呆滞的大企业虽然账面净资产高达 100 多亿元，但只能推动 50 亿元的销售额，实现 5 亿元的利润。你认为以上两者，哪一个更优越呢？

2. 不思进取的公司不该有上市机会

我们可以靠一个小小的指标来辨别一个公司是否懒惰：看看它的"销售额"在最近几年的变化，再看看"销售毛利润"的变化。进取的公司热火朝天，不思进取的公司一潭死水。

不思进取的公司一般有两种原因：一是权力高度集中；二是权力极度分散。

家族企业和部分国有企业会受困于权力高度集中。如果家族企业的董事长惰性渐长，或者正在经历人生迷茫，比如找不到好的接班人，比如产生了厌倦情绪、激情丧失、中年危机等，整个企业的状态自然也是非常懈怠的。部分国有企业改革不到位，对管理层的激励机制较弱，管理层不愿意卖力。

而很多公司是在上市多年以后，股权变得极度分散，管理层掌控力不足，造成整个公司无力进取的。

> 惠普董事会在 2011 年被《纽约时报》评为"史上最烂董事会"——新 CEO 上任，竟没有一个董事认识他；因对收购意见存在分歧，公司创始人竟然被赶出了董事会；业绩不错的 CEO 因涉嫌性骚扰而被开除，此举引起股东起诉；多次曝出窃听丑闻……

这些完全不合正常逻辑的事情，都发生在全球头号 PC 巨头惠普董事会里。自 2005 年始，惠普最大股东（也是创始人）所设立的基金会大举抛售公司股份后，惠普的股权变得极其分散，全体股东皆为中小股东，更无人能成为惠普的实际控制人。这会导致什么后果呢？

惠普董事会成员并非大股东提名或指派，几乎都是与公司没有一点儿关系的独立董事。惠普成了独立董事的公司，小股东说话缺乏分量，而独董与公司又没有直接利益关系，只代表股东看管公司财务，于是，公司的战略、前途、利润，通通不在他们的关心范围内。

做赌场老板，还是做赌客

孔子说："唯上智与下愚不移。"所谓拥有"上智"的人，是指这个人完全理解了投资本质，知道人群几乎总是错的，在市场的癫狂中择机避险；"下愚"则是对自己主动投资管理的能力没有把握，不如相信原则和常识，因此这种人的原则性非常强。

这世界上一切的投资回报，根源都是实体经济，专业投资机构会将注意力集中在这个源头上，更多地去研究经济、行业和公司。

外国基金经理经常与中国同行讨论一个问题："为何中国的宏观与微观不吻合？"

我们的经济增长一直领先全球，但上市公司的盈利水平并不如意。多数 A 股上市公司的情况是：

第一，一年到头都是忙忙碌碌，利润总额尽管增长很快，公司也越做越大，但净资产收益率（ROE）没有增长，甚至不断下滑。

第二，股票越发越多，摊薄了原有股东的利益。

第三，负债越来越多，很多公司通过负债赚取的额外收益非常小，甚至为负数，等于白白给银行打工。

因为中国经济长期以来的高速增长，A 股上市公司的各种问题被掩盖了。可是，越来越多的人开始明白增长的极限，世界经济的增长在放缓，中国经济也一样。即使高增长的局面还可以勉强维系，但不增长甚至长期走下坡路的行业和公司，却在不断增多。

当今世界，能够有效抵抗宏观风险的上市公司基本上能够依凭的就是两大路径："平台战略"和"零边际成本战略"。

1. 平台战略

现今，企业界都习惯于将公司称为平台。一个公司赚一时的钱，可以靠几个强势的产品；赚长远的钱，就要靠强势的商业平台。

表面上看，苹果公司做硬件产品很厉害，iPod、iPhone、iPad 和 Apple Watch 诞生之初，都具有"统治世界"的强大能量。2002 年，苹果公司的销售收入突破 100 亿美元，此后，居然能连续十多年保持 50% 以上的业绩增长。乔布斯是怎么做到的？一个美国教授一语中的："苹果已经达到一种神奇的境界，逐步从一个产品转移到一种平台战略。"注意，这里说的是**平台战略**。

苹果提供技术和市场基础（平台）：iTunes 软件和 iTunes 商店，用户可以借此管理、下载、购买音乐和媒体；iPhone 和 iPad 软件可以创造应用程序；还有线下的应用商店用来分销和购买程序。

越多的人购买 iPhone 和 iPad，就会有越来越多的软件制造商和传媒公司想要为他们编写软件、游戏和数字杂志。同理，如果 iPhone 和 iPad

可以提供更多的娱乐和应用程序，消费者也会更乐意购买它们。

做一个好产品不容易，需要企业深入了解顾客的喜好，很多时候顾客也是产品的被动接受者，他们并不十分清楚自己喜欢什么。于是，企业想做出深受顾客喜欢的产品，就跟赌博差不多。而且顾客的喜好不易掌握，很多人今天想吃面条，明天改吃煎饼，那么，今天投资面条厂的企业就白费心机了。

这时，商业平台的重要性就不言而喻了。它可以从众多销售的品类中，很快发现顾客喜欢的产品。而平台的拥有者，就有了赌场老板的位置：不管客户的手气好不好，赌场是稳赚的。

请问，谷歌、亚马逊、腾讯、阿里巴巴、百度、苏宁云商、沃尔玛这些最赚钱的上市公司，它们的共通之处在哪里？除了都有一段传奇的创业史，恐怕很难使人想到别的。

其实，有一点很关键：它们做的，都是商业平台。

平台的价值已经被一再证明：

谷歌，有 Google（搜索引擎）这一商业平台，可创造大量广告空间并租给有需求的企业。Google 营销人员反复跟广告客户讲："如果你们公司的品牌、产品只能出现在搜索引擎的第三页、第五行，你们想，被用户关注的机会有多大？"广告客户很在乎这一点，自然愿意多掏钱。

腾讯，有 QQ 这个平台，7 亿多 QQ 用户，实施"追随战略"。互联网上出现的任何一款应用，如果在中国真有市场，腾讯只需复制一下模式，就能开发出类似产品。在 QQ 用户（国内几乎所有网民都是 QQ 用户的情况下）里面，必然能发掘出一定的需求。

亚马逊，依靠庞大的物流、仓储、配送体系，以电子商务为突破口，控制住庞大用户群体。在这之后，它们再为这个用户群体提供各种实体、虚拟增值服务，就是水到渠成的事情了。

事实上，依托平台，构建庞大的用户群体，提供源源不断的增值服务，才是这些公司真正的商业模式。

网络平台的作用是不是很重要？显然是的。但是，多数企业并没有实力组建自己的网络平台，怎么办？很简单，"借"别人的。盛大网络就是如此。用手机读书的那个平台是谁的？是中国移动的，只要嫁接这个平台就可以了。而移动要利用盛大的书，就要花费一定的成本，因为书是盛大的。移动跟盛大彼此合作，进行分成，最后产生的价值就会更高。

2. 零边际成本战略

一般常识：利润＝收入－成本，有收入和利润产生，就必然有成本付出。

"边际成本"却告诉你：有些收入和利润的产生，成本投入可以是零。比如，公募基金就有明显的"边际成本"优势。一家基金公司有一百多个工作人员，所管理的资金最多有几千亿元，最少有几十亿元，不论大市如何起落，管理费收入是雷打不动的。基金公司所管理的资金规模越大越好，反正不用增加太多费用开支，收入的边际成本几乎为零。但前提是，公募基金持续投入的人工成本（主要是基金经理薪酬）、租金成本、产品发行成本乃至公关成本都处于惊人的高位，于是基金规模就成了基金公司最现实的利益。业绩倒在其次，否则本钱都捞不回来。

IT 软件和硬件的显著利润差异，实质上就是"边际成本"差异。比如一台电脑售价 600 美元，价格不低，但这个售价里面 90% 是产品成本。每台电脑的制造成本很高，而且每台的成本基本一样——为了生产一台电脑，厂商必须购买电脑主板、CPU、硬盘、内存条等，这些部件一样也不能少，总成本不会低，况且他们要付很多的工人工资、退休金以及其他福利。所以，每台电脑的边际成本很高，这是在你已经投入研发成本、广告成本及各类固定资产的前提下，为了再多卖一份产品，你还要继续付出很高的成本。

为什么软件业巨头的利润回报要明显优于硬件厂商？正是因为边际成本优势。数据库是甲骨文公司的赚钱机器。开发 Oracle 数据库成本很高，但 Oracle 软件的售价（及后续技术服务）十分昂贵，一般需要用到 Oracle 数据库的用户，都对性能和安全性要求极高，比如电信运营商、大型企业的财务管理系统等。每卖一份 Oracle 软件，甲骨文公司就能收入数千美元，之后对企业用户的跟踪服务收费更是高昂（每年超过百万美元），因此带来了极低的"边际成本"。如今全球数百万的企业用户，哪怕其间只有 1/10 的人选择购买，所带来的收入也是很惊人的，何况收入里面 90% 都是利润。

软件和网络公司的根本优势，就是"边际成本"优势。不用生产车间，可以"摒弃库存"，也不需要物流配送，准备好"办公大楼＋研发中心"就可以了，资产"轻"得几乎只剩软件代码。比如，微软每多卖出一份 Windows 系统软件，收入是 260 美元，但"边际成本"是零，也就是说，这 260 美元是净利润。

陈天桥创办的盛大网游，也是"零边际成本"的案例。网络游戏软件开发好之后，新增加一个用户不会给盛大增加一毛钱的成本，来自千百万个新用户的付费都是净利。但前提是，必须在研发上有持续巨大的投入——网游内容供应至关重要，如果不坚持研发、不为网游产品创造更有用户基础的内容，那就只能做一个被人牵着鼻子走的网游代理公司。另一方面，巨大的研发投入只有分摊到规模足够大的付费用户身上，才能令企业形成长远、持久的生存优势。

股票只不过是上市公司的影子

企业上市以后，会与很多机构投资者发生关系，这些大投资机构不太可能被动接受股价的波动，它们往往会主动影响上市公司管理层的决策。

股票只不过是上市公司的影子，有时候影子长，有时候影子短。

1. 基金经理的影响力

基金经理每年都会评定哪些上市公司"最受尊敬"，哪些"最不受尊敬"。评判的标准有很多，诸如"强健的经营战略""优秀的高管团队""透明的信息披露"和"良好的股价表现"等，当然，最重要的是这些上市公司与基金经理间的关系。

上市公司会与基金经理合力推动股价的走高，基金经理可以将其解释为"给好公司合理的估值"。随着上市公司"盈利模式"清晰，"新增长点"频现（比如苏宁电器靠扩张店面、贵州茅台靠产品涨价），这种"高成长性"逐步被市场认同。在此之后，无论该公司的股价涨到多高，总有一些投资者会抱着不同的理念和思路买进，其中不乏一些实力大户和私募机构。

基金经理力图使上市公司按资本市场的偏好去做，投资者如果很看重业绩，上市公司就得提前释放业绩，甚至"发掘财务潜力"，"调节"出业绩来；投资者如果很看重"题材"，上市公司有"题材"要"借题发挥"，没有"题材"要"造题材""挖题材"。

为何那么多上市公司跟风投资新兴产业？以前是追逐风能、太阳能、矿产资源、房地产，最近几年，转而追逐手机游戏、电动汽车。历史经验表明：谁都能看懂、都能掺和进来的事，那还叫机会吗？实际上，没有几家公司能抓住新兴行业或暴利行业的赚钱机会。

但股票市场有时就偏爱"烂生意"。比如火爆的手机游戏行业，很多公司只看到了7亿手机用户这个"宏伟市场"，而忽视了这个行业里无比激烈的竞争，所谓一将功成万骨枯——人们往往只看到了成功的"一将"，而选择性地忽视了枯了的"万骨"。

普通公司作任何决策之前，都会在风险和机会之间反复权衡，反复去想能不能赚到钱或者这个钱能不能赚得稳当。而很多上市公司会被资本市场的浮躁和投机气氛感染，也跟着投机取巧，承担着大风险去博小概率的赢面。

2. 金融资本的"入侵"

潜伏的主力资金（比如民间私募基金），还会直接控制一些市值不大的上市公司。也就是说，一些中小企业上市以后可能沦为金融资本的玩偶。

过去一些民间私募基金的做法是，先从二级市场找个盘子不大的上市公司，偷偷买入其股票，等成为其大股东后，将公司股价炒高，产生股价泡沫，然后和上市公司商量进行"资产注入"，把泡沫"做实"（比如放些矿山进去）。前文已经提到过，这么做对股市是有建设性的，能够给二级市场带来价值。

在此过程中，上市公司是没有主导力的。主力资金如果能够控制一家上市公司高比例的股权，主力资金就是大股东，就是老板。小市值的上市公司很难抵挡民间金融资本的"入侵"。

资本市场中还有一种最强悍的"秃鹫"，那就是并购基金。

并购基金会偷偷低价吸纳一些受市场冷遇的公司股票，逐渐获得对目标公司的控制权，然后对其进行私有化的重组改造，择机再出售资产。

并购基金当然是唯利是图的商人，他们确实会在并购一家企业之后，改造企业，包括大幅调整管理层、大幅裁员。如果他们能在赶走坏的高管、裁掉冗余人员之后，盘活企业，又创造了新的就业，或者避免了企业的倒闭，保住了很多人的就业机会，倒也不是坏事。

并购基金在美国非常"猖獗"，它们甚至会制造各种谣言以及小道消息，打击目标公司的股价，为自己的低价并购创造机会。一些处于弱势的上市公司大股东和管理层，不得不与这些藏在暗处的对手进行周旋。

华尔街是美国最大的谣言工厂——塑造一个明星很难，制造一个坏蛋很容易。

如果你的公司是完全私有化的，那些并购基金拿你是没办法的。但是，任何美国公司上市以后都要警惕被那些资本"秃鹫"盯上。

中国公司喜欢讲"宏观故事"

中国企业家很喜欢讲一些"宏观故事"，比如政府会不会动用财政资金刺激经济（财政政策是否积极），或者中央银行会不会开闸放水（货币政策是否宽松），等等。

过去十几年中国经济的高增长，主要与两个因素有关：政府不断加大投资、出口规模不断扩大。

在这个过程中，中国公司已经习惯了粗放式赚钱。中国货只要够便宜，就一定能卖得出去。卖一部手机赚 1 美元，利润率低不要紧，只要多抢占一些市场，销量足够大就行。城市里到处在大拆大建，每天尘土飞扬。中国的 GDP 不少是"廉价资源＋钢筋水泥"做出的贡献。

中国长期保持 8% 左右的 GDP 增长率，在世界主要经济体中是独一无二的。而上证指数 2016 年和 2006 年保持在同一水平（3000 点上下），十几年没涨，也是全球稀有。仔细观察，2016 年很多上市公司的每股净利润甚至低于 2005~2006 年，每股现金流就更差了。

国内企业主往往是盲目铺摊子，沉醉于"家大业大"带来的快感中。可是，家大≠业大，即企业资产规模很大未必能使生意变大。有些公司净资产不到 100 万元，能做出 400 万 ~500 万元的年销售额。而有些公司净资产接近 1000 万元，也只能做出 500 万元左右的年销售额。

我们总结出的两条重要的企业经营理念是：

第一，在激烈的市场竞争中，做大营收和利润是很难的。如果能保持利润不变，使资产变少，分母变小，"提高资产回报率"其实是更好的选择。

第二，控制成本并不是最重要的，"控制固定成本"才是最重要的。如果企业的成本构成是"低固定成本＋高变动成本"，即使企业的销售利润率会受到影响，但其系统性抗击重大风险的能力会大大提高。

多数中国公司的利润增长都需要消耗大量的资金——铺摊子、做大资产规模，这就要求公司不得不通过售卖股本或者拉高负债率来筹钱，这样的利润增长对公司和股东是有害的，也造成了公司钱多的假象。

企业界另一个广泛流传的"宏观故事"是：中国市场广大，手机、饮料、衣服、鞋帽等普通产品只要有个合适的卖点（概念），生意就能做大做好。

比如，移动互联网行业火爆起来了，市场都看到了"中国 7 亿手机用户"这块大饼，而忽视了这个行业的激烈竞争，备受瞩目的手机游戏、移动电商看起来不错，实际上身在其中的企业很难赚钱。

当中国企业主感觉"满街都是钱"的时候，也就越来越喜欢炒概念、卖想象。

好产品稀缺时，企业口口声声说品牌价值、历史积淀。但是，当大家一哄而起做同样产品时，所有的企业都开始打价格战，最后一个个都狼狈不堪。这其中也包括很多房地产开发商。在房地产市场火爆时，连最烂的地产企业也鼓吹自己要做"百年老店"。

凉茶企业、童装公司或者手机制造商，其实都属于制造业。它们的品牌没有太大内涵，盈利的关键还是企业对生产成本、运输成本和营销成本的控制，仅此而已。请几个明星、演员代言就叫"成就品牌"吗？这样"树"起来的品牌在成本面前会显得苍白无力，在供求关系面前也可能是一塌糊涂。

中国白酒企业最喜欢讲"历史悠久的原产地"概念，但白酒企业也是制造业。那些自称发源于唐朝或者明朝的白酒品牌，想象力令人错愕，而那些评级机构也很"配合"地把它们的品牌估值提升到了数百亿元的高度。除此之外，一些凉茶、牛奶和矿泉水公司也是如此。

从根本上讲，这些企业并没有形成可靠的"护城河"，只要它们放松警惕，就会被竞争对手追上甚至赶超。因为行业的进入门槛太低，即使把所有的竞争者都消灭了，它们也不敢明显提高产品利润率，否则极有可能引来新的竞争者。

目标管理与过程管理

上市公司大多很重视业绩增长的结果，而好公司则更加重视做生意的过程。

上市公司管理层每天都在琢磨实现业绩高增长的手段，费尽心机地在任何可能的地方"做"出利润——退税、政府补贴、减少折旧费、削减成本、"屠杀"供应商、"逼疯"下家客户、非经常性的收入、资产处置、关联交易（包括用超低的价格从集团公司收购好的资产）、财务技巧、一次性的并购……因为管理层总会向投资人保证，未来xx年要实现非常可观的利润复合增长率。

如果哪家公司确信自己能在未来5~10年每年以25%~30%的速度实现利润增长，那么恭喜你，从全球范围看，你都是"稀有品种"。要知道，当年的沃尔玛、微软、戴尔、星巴克在各自最鼎盛的10年里，它们每股盈利复合增长率也就在25%左右。

任何公司的利润在中长期来看都是有增长极限的。对于绝大多数公司来说，10%~15%的利润复合增长率，已经是一个很不错的表现。越大的公司越难实现高速成长，因此企业估值也应该相对较低。

国内一些高端白酒企业和稀有中药企业，主要通过产品的多次提价来实现业绩增长。而一些连锁企业实现业绩增长的手段更直接，就是多开店、不断把规模做大。但真正的好公司，更关注的是做生意的过程，更重视的是市场需求与产品的持续竞争力。

味千拉面最早是从中国传到日本去的。

谁能想到味千拉面连锁店居然能创出十几亿美元的年收入。它们把拉面按照酸、甜、咸、辣程度以及葱花、肉料数量多少各分成五个等级（比如"辣"就分为特辣、偏辣、一般辣、微辣、不辣），把以上信息用表格呈现给顾客；顾客订餐时根据自身需求，在表格上打钩；厨房按不同等级分别备上对应规格与分量的勺子、佐料，每一种等级都严格按照标准，不多不少；厨房工作人员根据顾客填写的表格精确配料。这样一来，每个顾客居然会有多达30多种的选择。而且在此过程中，工作人员也不用费心思量，工作效率十分迅捷，店面换座率高。这就是标准和工序的力量。

真正关注客户需求，注重过程和细节的企业，业绩增长是自然而然的事——过程做好了，结果自然会好。

做企业就是要持续关注企业的基本问题，不断地根据形势的变化而变化。技术积累、研发投入、工艺流程、客户关系、渠道建设、营销推广……只有功夫到位了，才能做成好生意。

但这些东西太烦人——要么全部成功，要么全部失败。万一哪个地方出了问题，前面的活儿不就全白干了吗？所以一些平庸的上市公司的特点就是什么事都不能做到最优，次优就很好了。为什么会这样？因为它们太浮躁，太渴望结果，在做生意的过程中用心不够。

生意场上有数不清的因素会影响我们的业绩，有没有哪个因素是充分条件，只要我们掌握了它就一定能做好这个生意呢？没有。这就要求我们驾驭尽可能多的因素，使尽可能多的因素对己方有利，而不能把宝押在个别因素上。

成功时认清其中的偶然因素，失败时检讨其中的必然因素，这才是优秀的企业管理层应该具备的心态。

利润高增长背后的诅咒

投资者往往只看重结果，将业绩不增长或者增长很少的公司视为平庸公司。但凡上市公司都不甘平庸，使尽手段提升（财务）业绩增长。

企业上市后，都能获得更多"资本运作"的机会。而在"做业绩"方面，上市公司比非上市公司更有动机、更有手段。

非上市公司把业绩做大了，就要多交所得税，何苦呢？上市公司的业绩做大了以后，多交的税款都是小意思，获得高价融资的机会才是重头戏。

20世纪60年代，美国股市经历了沸腾的黄金十年，当时最受投资人青睐的上市公司，多是"混合型企业"。比如，利顿工业公司。

利顿工业公司在 1953 年的销售额为 300 万美元，随后的 8 年时间里，利顿多次高价增发股票，融资收购了 23 家公司，1961 年已经成为纽交所增长最迅速的上市公司，1963 年的销售额达到 5 亿美元。

1962~1969 年，22% 的"财富 500 强"企业都被收购了，这为上市公司的股价暴涨提供了业绩支撑。

可是，这种"资本运作"和"融资并购"又能为业绩高增长带来多大价值呢？

很多新上市没几年的公司会获得超常的业绩高增长，往往依赖于其并不新鲜的操作手段。这些手段大概可分为以下三类：

1. 为适应投资人的需求冲业绩

20 世纪 60 年代的美国明星公司利顿工业，通过"混合收购"实现了辉煌的连续 57 个季度的业绩增长。"混合收购"对于利顿工业公司在技术、品牌、产品渠道上的长期竞争力并没有多大助力，但是，被收购公司创造的收入和利润，能立刻并入上市公司账上，立竿见影地创造了上市公司的业绩增长。

资本市场和投资人偏爱短期高增长，"识趣的上市公司"也就顾不上长远利益了。

上市公司用钱"买到"业绩增长的同时，也在制造风险，比如迅速冲高的债务。1968 年以后，美国股市陷入长达 15 年的低迷，利顿公司"融资收购"的游戏玩不下去了，债务危机（现金流危机）集中爆发，这个市盈率一度超过 75 倍的股市明星，其股价从 1967 年的高点 120 美元 / 股跌至 1973 年的 8.5 美元 / 股，缩水 93%。

上市，使很多公司产生了难以抑制的"做业绩"冲动，而相对于业绩的增长速度与幅度来说，其增长来源、质量与持续性是更为重要的。

2. 细胞无序裂变，公司越大越不安全

有个私募基金经理公开抱怨："中国企业普遍以上市为荣，我们对企业的价值判断，不是这个企业有没有创新，有没有为客户创造价值，而是有没有赚大钱，有没有上市，有没有市值上百亿（元）过千亿（元）。"

有些行业里的大公司，即使不是为适应投资人的需求冲业绩，但它们所处的行业是靠规模优势取胜的，不能做大公司规模和业绩，企业就没有安全感。

一家在香港上市的山东公司，2008 年上市之前，一年的销售收入十几亿元，成长速度很快。这个公司隶属于制造业，主要服务内需市场，青岛啤酒、蒙牛、康师傅等企业都是它的大客户。

无奈这家公司的董事长想法很多，而上市助长了他的野心。公司投建的新生产线，年产 50 万吨，光设备投资就得花费 12 亿元。如果考虑到厂房、通胀、治污配套等因素，想最终建成企业恐怕得投入 15 亿 ~16 亿元。

这其中很大一部分资金要靠银行贷款支持。要不然，若是光靠企业自身一年一个多亿元的"利润滚动发展"，恐怕得等十年。谁能等这么久呢？

这家企业身处典型的资金密集、技术密集型行业。企业规模越大，边际效益就越高，当然企业的生存概率也越高。年产30万吨是生死线，50万吨才能保平安，上了100万吨，企业就健康了。如果你选择滚动发展，人家通过上市融资早就跑到你前面了，你就会被淘汰。这是正常情况下的生存逻辑。

问题是，现在制造业的装备要求太高，一次性投资很大，需要融资帮助解决，除了增发股票还得大量贷款。这意味着公司的规模越大、业绩越好，公司的负债就越严重，现金流也越紧张。遇到大环境不好，如2008年金融危机，市场需求萎缩严重，越大的公司，风险系数也就越高。

低调的"巨头"

深市创业板和美国纳斯达克市场里，都出现过很多烂公司——高科技、高成长只停留在它们的嘴皮子上。

投资银行在汲取教训后，也会把目光转向平庸行业，寻找项目机会。
何谓"**平庸行业**"？

进入门槛低，维持行业秩序的成本大大高于搞破坏的成本；市场玩家众多且分散，没有所谓的龙头老大；"不讲行规"就是行规，只奉行弱肉强食的丛林法则；与消费者为敌，故意搞信息不对称；员工流动性高，且完全没有职业荣誉感；产品技术含量低，易被模仿抄袭……

这类行业有很多，诸如家政服务、保健品、房产中介、低档餐饮、旅游酒店、物流快递等。

向来自信的马云，也承认自己很难管好快递，因而他最佩服的人是能管理15万基层员工的顺丰快递老板王卫。快递业远不是收发货这么简单，业内的说法是："给你3年时间，30个亿，你也砸不出一个顺丰来。"

顺丰快递是国内口碑最好的快递企业，在对快递时效性和安全性要求很高的高端市场，顺丰已经是规则的制定者。国际投行诸如高盛、花旗等，多次寻求与顺丰高层接触，期待有机会将其引向华尔街上市，但王卫一直避而不见。

顺丰曾经拒绝上市，是有道理的。王卫坦承他有两个"做不到"：

第一，上市的好处无非是圈钱，获得企业发展所需的资金。顺丰也缺钱，但是顺丰不能为了钱而上市。上市后，企业就变成一个赚钱的机器，每天股价的变动都牵动着企业管理层的神经，这对管理层的管理工作开展是不利的。

"我做企业，是想让企业长期地发展，让一批人得到有尊严的生活。上市的话，环境就不一样了，你要为股民负责，你要保证股票不断上涨，利润将成为企业存在的唯一目的。这样，企业将变得很浮躁，和当今社会一样浮躁。"

第二，做企业应该踏踏实实，真正想做好企业，不一定要上市，要做基业长青的企业，就要有广阔的远景，要为未来进行大胆投入、大量投入。

"成为上市公司后，你的每一笔投入，都要向股民交代，说服他们这笔投入是有利可图的，是可以在短期内获得利润的，要有业绩出来，这个我恐怕做不到，我真的没有办法保证对未来的战略性投入可以有立竿见影的效果，更不能保证我不会失败，这也违背了我做企业的精神。"

另外，国内快递行业面对国际巨头的竞争，一旦上市，就要披露信息，企业就要变得透明，这样将不利于顺丰制订战略性的计划。作为一家正在快速成长的企业，更加需要保护好自己的商业秘密。

A股市场没有一家上市公司的主业是做家政服务的，在中国，很难想象家政公司能有什么投资价值。但天下没有做不大的生意，以家政清洁服务为例，创办于1947年的Service Master就是一家服务全美超过1000万客户的清洁服务公司，而且曾是上市公司；2007年被私募基金以55亿美元的价格收购后，它退市成为了一家私有化公司。

私募基金为何青睐Service Master，宁愿将其私有化？

私募基金青睐的公司都有一个显著优势：有大量现金收入，资本支出却所需甚少。

Service Master旗下囊括了大量的杀虫店、草坪维护公司以及保洁公司——服务网点数量超过5500个，盈利很稳定且都是现金收入，每年的现金利润近4亿美元，而资本支出还不到5000万美元。

这就是一家"现金牛奶"公司，是一家"超稳定"公司！

Service Master 的创始人没有任何技术优势和特殊资源，选择这么一个"平庸行业"，完全是出于一种信仰。那位创始人是个虔诚的基督徒，他亲自为员工制定工作守则，并在守则里融入了基督教教义。

总之，对于股票交易来说，多数人都是不安分的，幻想着在惊心动魄中赚大钱；而对于企业经营来说，恒久稳定和平淡无奇才是最佳状态。

实业精神是"沧桑正道"

从微观角度来看，资本运作是企业筹资、追求绩效增长的一个手段，不应该过分推崇，也不必排斥，关键是做到适当和适度。

比如，上市公司面临的短期业绩压力，对于生产快消品（如洗发水、方便面、牙膏、奶粉等）的公司，就是好事；但是对于顺丰和星巴克，这种追求"服务品质"的公司，会带来很大的负面影响。

比如，上市公司分散的股权结构，对于民营企业可能引发经理人（或者实际控制人）权力的弱化、企业内部结构的不稳定（有股权的都有资本

内斗）；对于国有企业，则会规范并治理其结构，对管理层产生一定程度
上的约束力。

…………

但是，从另一个高度来看，实业精神才是沧桑正道。当年福特发明了
流水线和规模化生产，现代工业出现了；乔布斯则让电脑个人化，把互联
网"装"到了人们的口袋里。而坚持只做汽车不做金融的亨利·福特，不
投机房地产专心做电子产品的史蒂夫·乔布斯，都是秉持实业精神的时代
巨人。

> 1903 年福特汽车公司成立，资本 10 万美元，起初创始人亨
> 利·福特的股份是 25.5%。1906 年亨利·福特用赚来的钱增持股
> 份，股权达到了 51%，没过多久他又增持到 58.5%。到 1919 年，
> 他的儿子埃德塞尔以 7500 万美元买下了剩余的 41.5% 的股份。

如果福特家族不这样做，比如继续让投资基金持有大量股权，福特汽
车公司将会是什么样子？

亨利·福特采用"流水线"生产方式，实现了汽车的规模化生产。当
产量达到一天 100 辆的时候，很多股东感到惶恐不安，他们担心汽车产量
太大，卖不出去。当产量达到一天 1000 辆的时候，所有股东都放弃了福
特汽车公司的股权，他们认为福特会破产，制造这么多汽车，根本卖不出
去，成本都收不回来。

结果，亨利·福特全力以赴地生产一种产品——简单品种、超大规模

生产、低价销售网络，正式开启了全人类的"汽车时代"和"现代工业时代"。

在此之前，如果福特家族不把福特汽车公司变成"彻底的私人企业、家族企业"，可以想象，亨利·福特将受制于投资基金的短视，很难实现这"惊人的一跳"。

1985~1997 年是乔布斯被苹果公司驱逐、二次创业的 12 年。乔布斯只剩下几千万美元的现金和两个面临裁员重组的问题公司。他完全可以在加州搞房地产，去拉斯维加斯开赌场，到中东倒腾石油，或者变成一个精明的股权投资人。但他什么都没有干，只是继续艰难地维持着两个长期赔钱的公司，固执地等待它们出现转机。

也就是在这段时期，乔布斯的产品设计思想不断成熟，数年后，划时代的产品 iPhone、iPad 得以诞生，开启了全人类的"移动互联网时代"。

企业家精神就是实业家精神，倡导的是"不以盈利为目的，而以发展为目标"，企业稳中求进，拒绝快钱诱惑。

企业不论上市与否，做好产品、提升服务品质的实业精神不应发生丝毫动摇，有了这个前提，利润是顺理成章的事。

实业精神是正道，但人间正道是沧桑。

第十章

投资人的修养、境界和市场交易

有这样一件小事被收录在《傅雷家书》里：傅聪年轻时弹奏钢琴的姿势不太好，身体经常摇摆。傅雷先生觉得这样既不雅观，也让人感觉不够稳重，多次提醒傅聪注意。傅聪也做过很多努力，希望改掉这个坏习惯，但效果并不理想。多年以后，有一天傅聪很高兴地写信告诉父亲，他已经改掉了身体摇摆这个毛病。傅雷先生在回信中指出，即使这样一个细节问题，也不是单靠有意识地注意就能解决的，修养到家了，自会迎刃而解。

岂止弹琴，在人生的各个方面，一个人的修养和境界，都深深地影响着他的思想和行为，无形中起着举足轻重的作用。

当适当的气质与适当的智力结构相结合，你就会得到理性的行为。

——沃伦·巴菲特

投资和艺术很相似，成功最关键的支撑要素并非智力，也不是知识、技术，而是心理，是一个人对财富、人生、成败、得失的看法和信念。

投资从表象和直观上看，仿佛是在斗智，但实质上最核心的竞争和较量却是彼此间境界、心理状态的竞争。市场交易就是简单的一买一卖，但在这一买一卖的背后，隐含着投资人不同的观念、意识、目的、动机，反映出投资人的价值观、市场交易理念、对待金钱的态度、对待风险的态度等。

市场交易的成败、投资人在金融领域的最终命运，固然受到一些偶然的、意外的因素影响，但最根本的深层次原因在于投资人的综合素质，即投资人的人生修养和境界。

危险的冲浪运动

《庄子·达生》中有一则寓言——孔子在一个叫吕梁的地方观赏风景，只见水从石崖上飞流直下有数十仞深，水花奔溅达几十米远，水流湍急，鱼儿也不能在其中缓游。孔子却看到一个人在水中游弋，孔子以为这人要寻短见，就让学生沿着水流过去救他。谁知那人在水里游了几百米远后，浮出水面，披散着头发唱着歌，跃到岸边。孔子走过去询问："起初我还以为你是水鬼，细看才知道你是人。请问，你游泳的道术是怎样修来的？"

那人回答："我游泳并没有什么道术，只是安于水中，顺其自然。在游水中长大，对水感到安适，仿佛水中之鱼，本性如此；不知为何要这样做而去做了，就叫顺其自然。同漩涡一起入水，同涌浪一起出水，顺从水的规律，而不行使个人意愿，就是我游泳的方法。"

顺从水的规律，而不行使个人意愿，就叫顺其自然。这是极高妙的境界！

金融市场的价格波动是否也存在某种规律？有谁能够在股市冲浪中做到顺其自然？

大经济学家梅纳德·凯恩斯把投资（不单指金融投资）称为"动物的冲动"或者"动物精神"。人们做投资是盲目的、任意冲动的。作为局外人，还能保持头脑冷静，一旦入局，智商和判断力会下降几个级别。

下面就是一些投资者智力急速下降的常见症状：

1. 容易让赚钱的欲望主导你的思考

多数人都是带着强烈的发财欲望进入股市的，这就决定了他们不能正常地进行思考，因为他们很难分清哪些是客观的事实，哪些是主观的期望。有许多投资者在实盘操作中，根据自己的心理预期只把目光集中在一点，只愿相信对自己有利的消息。

就像 2008 年年初，温总理已经明确提醒国人："今年恐怕是中国经济最困难的一年。难在什么地方？难在国际、国内不可测的因素多，因而决策困难。"当时宏观基本面已经开始发生不利的变化，沿海港口日渐趋于萧条，出口企业生存状况不断恶化，中小企业破产倒闭正在加剧，国际油价加速上涨，次贷危机愈演愈烈……但是很多投资者没有或者不愿正视这一系列变化，只愿相信一个很不切实际的预期：奥运会前，股市将一直"走牛"。

2. 让失误的投资失去控制

由于人性的因素，投资不可避免地会出现某些失误，当失误出现的时候，你必须要做下面几件事：

第一，分析失误引发的风险。因为有大风险的操作必然是短线，小风险的事情则可以通过时间或者其他方面的努力来扭转。

第二，确定获利的关键点还存不存在。如果存在，并且远远大于风险，你可以利用操作手段来纠正，不要轻易结束这次计划。

第三，如果发现机会点已经消失，并且风险较大，应该果断结束这个项目，否则会出现更大的失误。

3. 不切实际，追求完美

股市中的机会很多，但是容易抓住的明显机会并不多。2014 年上证指数有 50% 以上的涨幅，为何到年尾一算账，还有近一半的投资者没有赚到钱？有专业机构对这个现象做过研究，最后分析得出结论：2014 年年初那轮行情启动之际，起初大众还能保持稳定心态，可一旦市场出现自己没能抓住的机会，心态立刻就会失衡。人们完全忘了自己的阶段目标——只要在一段时期里保持一个稳定的收益就可以了，多数人妄想抓住市场中出现的一切机会，于是频繁抢进热点股票，交易频率越来越高，这样就基本进入"冲浪状态"了。

因为人性贪婪，愚蠢的错误才会一犯再犯。证券市场当中，每个阶段集中精力抓一只兔子已不是件容易的事了，如果妄想同时抓住几只兔子，其结果必然是一只兔子也抓不到。

4. 只有分析方法，没有操作手段

短线时机是不可预测的，不要指望能在最好的价位和时机把握机会全仓。每笔交易都会存在遗憾，这是客观现实，基于这个现实，灵活的操作

手段要比机械的分析方法重要得多。如果只有分析方法，没有操作手段，只要股价没按自己事先分析的那样波动，我们立刻就会产生怀疑。就如同工程师很懂得一件产品的生产原理，却掌握不了制造工艺和流程，产品还没下线，他们自己就把电闸拉了，此时出来的当然是废品，不仅没有获得价值，还要损失前期投入的成本。

一般人会参考世俗的分析或看法，以此作为买卖的依据。事实上，你所需要的操作系统只要能够迅速告诉你如何行动就够了。

——《华尔街操盘高手》

每每行情起来，媒体和股评人士谈论较多的一个话题就是劝导投资大众要树立正确的投资理念。那么请问，什么才是正确的投资理念呢？

市场炒作绩优股时，他们要你认清"业绩是市场的基石"；炒作科技股时，他们要你认清"科技是第一生产力"；炒作物联网概念时，他们要你认清"未来的世界是网络的世界"；炒作资产重组股时，他们要你认清"重组是股市的永恒主题"；炒作蓝筹股时，他们要你认清"价值投资已经深入人心"。如此等等，不一而足。

对"顺势而为"的深度理解

99%以上的投资者，都是看K线图作决策的，投资股票、期货、黄金、外汇都是如此。顺势而为、做对方向就是赢家，这是常识。

在金融市场，很多职业投资者（投机者）都会运用"技术分析"手段，判断趋势的走向以及趋势逆转的时机。技术分析的主要功能在于：

如何识别指标，判断市场方向；

如何选择符合自己收益要求的股票；

如何读懂市场的情绪化特征；

如何把握买点和卖点；

如何切断短期市场噪音，把握长期趋势；

…………

低吸高抛（做多）或者高抛低补（做空），看起来简单的事情，操作起来却十分困难。何处是高，何处是低，都很难判断。

顺势而为是很难做到的，可能隔几天你就会对大趋势产生怀疑，也可能你一贯坚信的趋势是错的。

技术分析有三个基本前提：市场行为包含一切（完全信息）；价格以趋势方式演变（发现趋势）；历史将重演。

1. 完全信息

影响市场价格变化的因素很多，以股票市场为例，宏观经济形势、政府金融政策、市场规模、资金面情况、上市公司经营情况以及股民心理因素、知识水平等，都会对股票价格产生影响。上述基本面因素有时一致，而更多时候是相互矛盾的，而股价的实际变化是所有基本面因素综合作用的结果。因此，技术分析往往不去研究各种基本面因素，而是直接研究其综合作用的结果：价格——通过研究价格图表以及辅助技术指标，让市场自己揭示出它最可能的走势。

我们要顺应趋势，花大量时间去研究市场的正确趋势，之后，始终与其保持一致，利润自然就滚滚而来。

2. 发现趋势

研究价格图表的全部意义在于：在一个趋势发生、发展初期，及时准确地把它揭示出来，从而达到顺势而为的目的。市场一旦形成一个向上或者向下的趋势，下一步常常会顺着现存趋势方向继续演变，而掉头反向的可能性要小得多。实际操作当中要坚定不移地顺应一个既成趋势，直至有反向的征兆为止。

股市赢家法则：不买落后股，不买平庸股，全心全意锁定领导股。

3. 历史重现

技术分析实际上是对过去市场价格变化的统计分析，价格形态通过一些特定的价格图表表示出来，这些图表呈现出了人们过去对市场看好或者看淡的心理，将来也会同样有效。人类从来都是"江山易改，本性难移"，人性不变历史必将重现。

技术分析最高要义：试图把握未来的走向往往是事倍功半，而"随波逐流"则会有稳定的回报。

技术分析就是要说明股价运行的趋势特性，历经上百年的经验沉淀，其理论框架比"价值投资"更趋完美。黑格尔的"存在即合理"，牛顿的"不受外力影响下物体沿原有方向运行"，几乎就是趋势理论的哲学和物理依据。

> 群体心理的偏向是常态，市场永远都处在偏向中，现在的偏向迟早要被新的偏向否定，一轮一轮的偏向造就了市场的趋势。
>
> ——乔治·索罗斯

从众心理不仅是大众的思维偏向，据说，国内一些基金经理身上，从众心理也表现得非常明显。如果市场下跌，很多人亏钱，基金经理随大流行动，交易出现亏损也不会受到过多的指责。而一旦他的行为和别人不一样，稍有闪失，投资业绩没有跟上大盘，他就变得孤立，容易成为众矢之的。所以，许多基金经理往往不敢单独行动。即使明显看出大众的不理智，为了迎合一般的社会心理，他也不愿有出格的举动。

可是在股市中，一个"看上去很美"的技术走势有时未必就是机会，它也可能是投资者的一种错觉或是庄家投下的"迷局"。

比如，K线图显示该股的股价、量能、均线系统几乎呈现了"三线共振"的态势，一切因素似乎都在向着有利的方向发展，但是继续往后看，"黑天鹅"事件发生，拔高之后股价就开始疯狂暴跌。哪怕是混迹金融市场多年的职业投资者，稍不留神也会被常见的"假突破"、千奇百怪的"失败趋势"打败。

不要指望从今天所看到的东西中提炼出正确的投资策略。佛家说："见见之时，见非是见，见犹离见，见不能及。"实际上，市场中的机会往往所见非所得。

海底的沉船里都有一堆航海图

现在的机构投资者实在是太忙碌了，信息多，会议多，研究报告多，证券种类多，应接不暇。有人抱怨，一天12个小时坐在电脑面前，甚至连处理电子邮件和阅读上市公司公告的时间都不够。

不少研究机构对每个月的居民消费价格指数（CPI）、就业数字、汇率、住房销量，甚至包括股市的点位都有预测。这类预测往往是拍脑袋得出的，几乎没有多少实用价值。就算你对未来宏观经济的走势预测很准，也不一定就能作出正确的投资决策。

比如，1996年全球股票市场大涨，很多人开始担心资产价格的泡沫。当年2月，美联储主席格林斯潘在国会的听证会上提出了"非理性亢奋"一词以警告世界。可是这种"非理性亢奋"一直持续到2000年3月。"史上最伟大中央银行家"格林斯潘的预测和警告，居然早了整整4年。

比如，从2003年到2005年有少数智者预见到了美国住房市场和次贷的巨大危机，一直在抛空金融股和地产股，但在时机的把握上，他们不是神仙，他们"动手"太早了，结果亏得血本无归。有些基金经理因此严重跑输大市而失业。

比如，在2008年9月雷曼兄弟公司倒闭之后，也有智者预测到了美国很多银行会倒闭或者遇到存款人挤兑的麻烦，因此，他们抛空美元，购买欧元。可是他们万万没有想到，这场大危机迫使美国的大量机构和个人为了"扑灭自家后院里的大火"而抛售他们在海外的资产。结果是海外各种资产价格大跌，欧元、英镑大跌，而美元则大升。这又使得大量智者血本无归。

> 我们渴望的事情不可能发生，或者即使发生，也不是在恰当的时间和地点，上天永远不会让人感到幸福。
>
> ——法国作家 拉布吕耶尔

一切投资理论要么来自过往经验，要么来自逻辑推理，过去也许可以决定现在，但是不能决定未来。

"技术分析"只能起到1/10的作用，"价值投资"也只有2/5左右的正确率。在这复杂的市场中，人们并不会因为巴菲特奉行价值投资理念就不赔大钱，不是不会，而是肯定会赔大钱。原因就是市场的构成并不仅仅是投资者理解的价值投资，许多事情只有在发生之后人们才恍然大悟，原来价值投资理念没有错，只是当时的核心价值也就是主要矛盾不是自己理解的"价值"。

人们理解市场的先入为主的一些理念是不完备的知识，用这些不完备的市场知识（或是存在缺陷的市场知识）来解释判断市场走向，结果无疑是不完备的，是盲人摸象。

市场首先是由人群构成的。没有深刻地认识市场参与者而谈论价值投资，第一步就失去了正确判断市场的前提。没错，烧死了布鲁诺，地球也是围绕太阳转的。

这就是资本市场，不会因为你个人的价值取向而改变。这就是市场的复杂性。如果市场参与者都能做出公正理性的判断如何？答案是，这就不是投资市场了。假设人人学巴菲特，一只股票拿在手里30年，那么，天下的证券公司都得垮掉——因为它们都赚不到佣金了。这样理性的市场早就灭亡，不存在了。

投资人不要想当然地认为市场应该如何，市场的走势大多与投资人的设想不一致，固执己见、冥顽不化的人，必将出现亏损。

你无法控制市场的走向，无须在自己控制不了的形势中浪费精力和情绪。不要担心市场将出现怎样的变化，要考虑的是你将采取怎样的对策回应市场的变化。

判断对错并不重要，重要的是当你正确时，你获得了多大的利润；当你犯错时，你能够采取有效措施，避免亏损。**投资如同出海，避险才是第一位的**。海底的沉船里都有一堆航海图。交易成功的最重要因素，不是看你用的是哪一套规则，而在于你的自我克制。

奖懒罚勤的证券市场

> 用经济学来解释历史既不完整，也不会令人满意。因为人不仅仅是经济动物。
>
> ——《历史的终结及最后之人》

不少人刚入市的时候，是能赚钱的。因为最开始他们什么都不懂，只懂涨了卖，跌了买，股价太高的绝对不要——秉持一种很单纯的投资理念。后来学的东西越来越多，他们的想法一日三变，胆子越来越大，资金也就越来越少。

大道至简，最简单的最美，股市就是奖懒罚勤。为什么要把投资搞得那么复杂呢？

1. 经济学是投资者的累赘

很少有经济学家能够成为成功的投资者，经济学在金融投资中的作用是很尴尬的。

各个经济变量的关系是不稳定的、不可靠的。把经济学转化成投资决策还要跨越一道鸿沟。所以，经济学对于绝大多数投资者来讲，也许只是一个累赘而已。

专业机构的很多研究报告都很牵强，不光是消费者认为牵强，甚至连研究员本人都知道牵强。比如，两件一前一后发生的事情经常被无端说成存在因果关系。有些经济现象发生过两三次，就被认为是规律。画一张图，扭曲一下坐标（人为建立某几个变量的关联），就轻率地认定："你看，这两个变量多么相关啊！"全然不顾样本太小和逻辑不通这一类的麻烦。如果把历史数字定成"8 年"不能支持他的某个推论，他们就会把时间改为"7 年"或者"6 年"。

2. 现金流折现（DCF）靠谱吗

巴菲特所谓的价值投资，其实也不怎么理性。股神认为股票的"内在价值"应该定义为"企业在其存续期间可以产生的现金流量的折现值"。这句话是什么意思呢？

假如有个企业可以存活到 2050 年，你要评估它在 2015 年的内在价值，该怎么做？采取现金流折现（DCF）：你先要估算这个企业在 2015~2050 年累计可赚到多少现金利润，然后再假设一个折现率，把企业未来的现金流折算成今天的合理价值。

采取现金流折现（DCF）给企业（股票）估值的困难在于：

（1）你能准确估算这个公司的寿命吗？还要准确估算这个公司未来几

十年累计的现金利润，这可能吗？

（2）折现率也是人为假定的，你将折现率假定成7%或者8%，哪怕这中间只有1%的差异，就会导致估值结果的巨大差距。

据说巴菲特也做了几十年的DCF分析和预测，不知此消息是真是假。但这种方式完全是在靠想象力给企业估值，普通人是没法把这么难的事做成功的。

3. 越不繁，越不凡

很多投资理论是相互矛盾的，比如当技术指标发出超买信号时，而波浪理论上升第五大浪又即将展开，到底是卖还是买？当个股突破平台时，利空又层出不穷，是进还是退？凡此种种常令投资者大惑不解。

从心理学角度分析，越是头脑简单的人越需要点缀和填充，而头脑复杂的人，则对简洁有着特殊的心理需求。

在浮躁的金融市场中，最好不要想太多，想多了反而容易滋生投机心态，**投机是付费娱乐，终有一天会把收益还给市场**。

Less Is More（越不繁，越不凡）

（1）Less：少动。买了轻易不卖，卖了轻易不买；看准才动；买卖周期以年为单位。

（2）Less：集中买少数几个股票。好股票太难找，少之又少。巴菲特笨到在大中华区只买了一个香港上市的中石油，连中国移动他都错过了。我们中国人都比他"聪明"多了：看看自己买过多少只股票吧！

（3）Less：少交易。减少交易成本。

（4）Less：少关注其他人同期在做什么，只评价自己干的是不是理智正确的事。

（5）Less：少说。真理往往最像谬论！ 1600 年，布鲁诺因宣传"日心说"而被烧死在罗马百花广场。为了自己的安全，还是少说，像某些高回报的生意，最好只干不说。

（6）More：是"Less"的唯一结果，就是一条——长期下来利润多得不敢相信！

——《白话投资》

面对这个本来就极为复杂的市场，用复杂的交易思路只会越分析越糊涂，而发现这个市场简单的一面，以简单的投资思路去把握它，我们才更有胜算。

证券交易其实是一个返璞归真的过程，当你有意识地弃繁从简、有意识地放弃你所学的一切时，你已经是个高手了。

避免重复犯错是最大的回报

耶稣带着他的门徒彼得远行，途中发现一块破烂的马蹄铁，耶稣就让彼得把它捡起来。不料彼得懒得弯腰，假装没听见。耶稣没说什么就自己弯腰捡起马蹄铁，用它从铁匠那儿换来三文钱，用这钱买了十八颗樱桃。

出了城，二人继续前行，经过的全是茫茫荒野。耶稣猜到彼得渴得够呛，就让藏于袖中的樱桃悄悄地掉出一颗，彼得一见，赶紧捡起来吃。耶稣边走边丢，彼得也就狼狈地弯了十八次腰。于是耶稣笑着对他说："要是你刚才弯一次腰，就不会在后来没完没了地弯腰。小事不干，将来就会在更小的事情上操劳。"

金融投资中许多容易忽视的细节没有得到充分重视，我们就不可避免地会受到更多不稳定因素的困扰，从而影响正确的投资风格。

股票、期货交易当中，人们日复一日、年复一年地犯着同样的错误，比如判断失误时不及时止损、逆势交易、孤注一掷、急躁冲动等，此类现象长期困扰着大多数的市场参与者。

国内知名的职业投资人青泽先生手头保存着四十多本交易日记。有时随便一翻就会发现，尽管隔了很久，各个日记本上记录的交易经过却非常相似。如果不看上面的日期，很难分清哪一篇写在前面、哪一篇是后来写的。显然，有许多错误过去几年一直在重复地犯。曾有一段时间，青泽对自己不可救药的愚蠢行为痛苦之极，绝望之中甚至想彻底放弃股票、期货的投机生意。

　　并不是我没有意识到自己一直在干傻事，有很多问题我在进入期货市场的初期就已经发觉。但是，几年以后，这些错误却依然频繁地出现在我的交易中。"事不过三。""三折肱，为良医。"可是每一次，当我因为犯错而受到市场的惩罚时，我都会清醒地告诫自己，不能再这样下去了，我重复类似的错误已经远远超过三次，应该学得聪明一点。但是，当惩罚的痛楚过去以后，我会立刻忘掉令人不快的经历，好像什么也没有发生过，重新回到老路上。我一次一次下定决心不再重复过去的错误，但一旦进入市场交易，依旧故态复萌，情况似乎没有得到丝毫的改变。在期货交易的前几年，我的投机活动一直迷失在这种恶性循环的怪圈中，仿佛进入了暗无天日的地狱，精神长时间在痛苦、绝望、懊悔中煎熬，却无法自拔。

　　　　　　　　　　——《十年一梦——徘徊在天堂和地狱之间》

　　成功的股票、期货投机定律是建立在"人们将重复过去的错误"这一假设基础之上的。

　　股票、期货价格的变化是人性碰撞的结果，成千上万投机者观念、心理和情绪在激烈地交锋着，这种结果一旦变成现实，又反过来影响人们的观念、心理和情绪。了解市场很重要，了解自己更重要，一个成功的股票、期货投机高手，往往具有深刻的市场见解，也能洞悉自己的内心世界，并能同时在这两方面达到很高的层次。

从事证券交易就是在进行一项漫长的修炼。许多成功的人从未听说过"理性"这个词，却依旧按照理性生活着，那是因为他们修养到家了。修养不够，重复犯错无法避免。

一切迟早会发生

有人说，市场运动的本质是随机性；有人说，金融市场是一个随机性与规律性并存的市场，其规律性的一面是显而易见的，简单到你对它视而不见的地步，其随机性的一面，则表现得极为复杂；有人说，市场是自然的函数，它的行为并不遵循古典物理学、参数统计学或者线性数学……

进入证券交易领域，我们必将面对一个不确定的世界。这里永远不存在一个能够被大多数人轻易掌握的走向成功的简单方法。美国前财政部长罗伯特·鲁宾的决策秘诀，应该对每一个市场人士都有很大的借鉴意义：

（1）天下唯一确定的事就是不确定性。

（2）任何决策都是均衡几率的结果。

（3）一旦作出决定，立刻付之于行动，行为要果断迅速。

（4）决策者的品质远比决策结果重要。

交易结果的好坏没法控制，只能尽力让自己的欲望、情绪、思维和行为保持克制。"认识你自己。"那些不能遏止、克服人性弱点的人，无论是多么伟大的人物，相信在金融市场中，结果都将失魂落魄，被市场风云所淘汰。

> 人往深渊里看，他看不到倒影，人在此刻才能了解自己的个性，而这也能使他离开深渊。
>
> ——《华尔街：金钱永不眠》

不要试图准确把握投资市场的周期、时间等要素，请摒弃投机思维。曾有一段时间，全球金价保持连续上涨态势，于是，很多投资人就想当然地认为黄金股也将要联动上涨。蹊跷的是，金价仍处于上行通道中，黄金股就是不涨。

金价走高是一个相对确定的事件，如果直接投资黄金，回报是很不错的。但要将金价与黄金股的走势直接关联起来，就很不适当了。

事实上，黄金股中代入了黄金价格之外的众多不确定因素：公司现金流如何？公司金矿成色如何？金矿所在地的地缘政治如何？这些都是不确定性因素，这些问题的答案可能给你的投资带来更高的回报，也可能相反。看似很合理的投资，完全可能因为你的思维偏向，不幸演变成彻头彻尾的投机。

股市是时刻变化着的，没有严格的规律可以遵循，也没有可以重复使用的历史经验。一切都是随机的，人们无法完全掌握股市的节奏，也不能有效辨别市场的确切趋势，因此，想要判断出未来某个阶段或时间点的具体情况是不现实的。

准确的定时定点预测是不可行的，但只要选对了具有竞争优势的杰出企业并长期持股，长期的市场走向还是可以大致确定。关键在于，你能够一如既往地坚守你的信念吗？这就需要探讨我们的人生积累和思想境界了，其实，投资离人生很近！

谨慎敬畏地承担起一切外在的偶然，认识并安宁于一己存在之有限性，仍自强自立，并不悲观、焦虑或做徒劳之无限追求。

不动是最好的策略

一个差劲的投资者身上往往会有三个弱点：性格优柔寡断、情绪起伏不定和观点东游西击。

其实每个人身上都有这三个弱点，只是程度深浅不同。真正的强者不是没有弱点，而是充分认识到自身弱点，关键时候更克制、更坚持。

利令智昏的事，会发生在每个人身上，而金融市场的任何一点波动，都会牵动投资者的财富损益。如果你在电脑前一直关注行情的变化，你往往会被市场的短期波动搞糊涂。

市场价格跌宕起伏，总是不合逻辑，你的思维和情绪也很难长久地保持清醒，有时候，你甚至会忘记市场大趋势的方向，不由自主做起追涨杀跌的短线交易来。

网上一直流传一个帖子《庄家最怕什么》，仔细琢磨，很有意思：

我1997年在广州找到的第一份工作就是做操盘手，当时与我一起面试的很多人都比我强，我想自己没希望了，心里反而十分平静。

主考官问：倘若你在广州发生意外，有谁可以帮助你，能帮助你多少钱？

我诚实地回答：我在广州举目无亲，没有一个人可以帮我。

主考官问：如果不介意，你能谈谈你家最大的收入来源吗？

我说：一亩三分田。

主考官又问：噢，你能与我谈谈股票吗？

我脸红了：对不起，我真的不懂股票，无从说起……

我说完起身准备告辞。

主考官望着我问：你简历中没写电话号码？

我说：我没有。

没有料到，居然就是这样的回答，我被当场录用了，成了那批8个操盘手之一。主考官就是我们后来的老师，我问他：我那么差，为何还被录取？他说我是一张白纸。

培训了一个星期，我们就开始操盘了。老师说，散户就是我们的对手，散户最大的弱点就是贪婪和恐惧，只要你操盘的股票中有散户，你就需要时刻盯着他们……好多事情让我莫名其妙，每个交易日，我都在电脑前下单，我操盘的股票交易十分清淡，大多数都是我挂上去做做差价的。明明是要买进的价位，我会挂上大量卖单；明明是要卖出的价位，我会挂上黑压压一片买单……老师教我这样做，我就这样做。每天早上我会收到一份自己操盘的股票流通股股东排名，被画了叉的就是老师让我洗盘出局的对象，如果某日清单上不见了该股东，我就会拿到奖金。

每个月还要去市场实习一次，我跑了广州的八九个证券营业部，结识了几个持有我操盘的股票的股民，我与他们聊天，听他们对该股票的看法。其中有个退休老者对我很好，我想，他难道就是我的交易对手吗？我真的不忍心。我说："你天天看着股票不累吗？不如捂着它不看，也可做点别的什么事情啊。"

旁边一位老太太说："这只股票我也有，我就很少来看，到时一定会涨！"

我一惊，赶忙问："为何这只股票会涨？"

她说："我说它会涨它就会涨。"

过了几个月，这只已不属于我操盘的股票在一个月中涨了一倍，而我认识的几个散户早就亏钱出局了，唯有那个老太太赚了钱。请教她的心得，她还是那句话："我说它会涨它就会涨。"那个对我很好的老头后悔莫及，说早听我话不看股票就好了。

说到这里，你或许说我并没有回答庄家最怕什么。请你反思一下，从 2001 年的熊市到现在，假若你不看股票，你失去了什么？假若你看股票，你得到了什么？相信你一定会说，如果我当初死捂着那只股票就好了，多少也会赚一点。

作为一个散户，在分析、研究、资讯、资金上都不是庄家的对手，但庄家哪怕穿有铁布衫，一样有不为人知的死穴，庄家最怕什么？

答案一定让你感到可笑——庄家最怕你不看他！庄家深知你的贪婪与恐惧，庄家通过操盘手把他的阴谋传递给你，他让盘口别有洞天、风起云涌，他让 k 线青面獠牙、天花乱坠，只要你睁开眼睛看，你就患得患失，你就神魂颠倒、惶惶不可终日……

庄家就这样征服了你，因为他把这个交易市场当作戏院，将自己看成是卖座的大明星，而你心甘情愿地做个忠实的观众，他就没日没夜地尽情表演。当你不看他的时候，当他没有观众的时候，当他对牛弹琴的时候，他真的好怕！因为他的钱是有成本的，面对一个不看不闻不问不急的人，面对一个无知无欲无畏无惧的人，他的一切表演都是徒劳的。这就是庄家的死穴，这样的股民就是庄家永远不可战胜的。

如此看来，战胜庄家其实就四个字：无欲则刚！

股市其实就是一个"人的世界"，它是"魔镜"，把人性的弱点无限放大。在这里，只有人性的特征最为关键——投资人心中任何一个微小的变化，都将迅速转化成金钱上的得失。

正所谓"天下熙熙皆为利来，天下攘攘皆为利往"，每一个人进入市场，都是来满足自己想要获取的欲望。同时，人们想要获取的"有为心"并不能轻易地使得"行有为"与"得有为"画上等号。在这里，"努力"不等于财富，"上进"不等于获得，甚至很多时候越是"努力"反而越容易陷入"庄家布的局"。

"看好不买一直涨，追涨买进变熊样，气愤不过又卖掉，卖掉立即又大涨"，这正是许许多多中小投资人心情的真实写照，盲目操作只会让"有为之举"变成"多此一举"，让"锦上添花"变成"画蛇添足"。

善猎者必善等待。没有大的机会，就要静得像一块石头。**交易之道在于，耐心等待机会，耐心等待最有利的风险／报酬比，耐心掌握机会。不动是最好的策略。**

历史的大胸怀与投资的小问题

在你什么都不做的时候，那些觉得自己每天都必须买进卖出的投机者们正在为你的下一次投机打基础，你会从他们的错误中找到赢利的机会。

——《股票作手回忆录》

每年收益一次的是高管，每月都有收益的是员工，每天都有收益的是卖小菜的，干活就有收益的是零工。

收益的大小与机会的多少成反比，与结算周期成正比。每天都有的机会收益一定很小，遍地都是的机会是留给收破烂的。

越大的资金，越高的收益，机会其实不多。找到了或等到了那样的机会，只需出动一次。

眼花缭乱，到处都是机会，市场充斥着喧哗与骚动，这其中大呼小叫、汗流浃背的身影，几乎都是散户。争先恐后抢着拾钱的，迟早被市场（庄家）"收拾"了。

越到高处，小资金的机会越多，大资金已经开始结算了；越到低处，小资金找不到机会（因为没有今天买进明天就入账的），才是大资金的机会。

散户和机构投资者最根本的区别是：散户每天在找机会，一天没有收益就会惶然不安，他们最幸福的日子就是每天都能进点，即所谓细水长流。机构投资者都很清楚，机会其实并不多。从时间上不多，所以经常要等；从空间上不多，所以必须耐心寻找。

过去数十年中，金融市场一轮又一轮翻江倒海式的暴涨暴跌，的确促使众多投资人深刻反省，但问题的关键是，反省只是反思过去，如果将历史经验刻舟求剑地用在未来，是否仍旧有效？

市场从一种状态转到另一种状态后，人的心理、思维往往还沉浸在昨天的市场运动模式中，仍以昨日应对市场的策略去应对新的局面，结果人们的行为总和市场的波动形式不合拍。

任何预测大盘走势的努力都是徒劳，JP 摩根是华尔街历史上最伟大的金融思想家，当别人问他如何看未来股市的走向时，他总是回答："市场会波动。"在金融市场混沌的价格波动中，选股、选时和选点的策略能起到多大作用？

投资并不只是谋略之争，某种程度上也是同时间和生命的竞争。巴菲特多活 10 年，每年哪怕只有 5% 的持续盈利，其财富的总增长，也足以笑傲天下。时间决定一切。

如果让一年半载的波动轻易扰乱了你的投资计划，你是否还能坚持最初的理念呢？多年以后，你会不会笑谈当年的所作所为呢？发现当年的暴跌只是历史上的一个小坑或者只是一个陷阱，为了躲避它你费尽心机，但事后却发现你抛弃了原本正确的思想和选择，没有在最困难的时候坚定持有或者积极买进，或是之后简单做了一下差价，浪费了本应走向辉煌的投资选择，这是不是很可惜呢？

只求"模糊的正确"

巴菲特说："我宁要模糊的正确，也不要精确的错误。"

巴菲特于 1973 年投资"冷门股"华盛顿邮报，在股价跌至"内在价值 1/4"时买入，之后的两年仍然下跌了 20%。如果仅从

那两年来看，巴菲特显然是买早了，不仅毫无成功还很失败，可
是后来 127 倍的股价涨幅，证明巴菲特仍旧是巴菲特。

巴菲特的投资之道在于追求"模糊的正确"，因为精确的正确是不可
能做到的，所以追求后者就显得毫无意义。

漫漫熊市之中，有人说是底，有人说是底部区域，这个显然只是推
测，如果大家真的知道了，那么肯定就不是底。投资股市只能在相对底部
对公司的估值进行模糊的分析，估值很低了，已经远远低于其内在价值或
者历史平均水平，那就可以去操作了，剩下的只有时间来证明，其他方面
投资人基本上是无所作为的。

很多人把证券交易当成一门科学，喜欢像工程师一样使用各类指标工
具，采用数学方法对市场数据进行缜密的统计分析，似乎这样就可以得出
公正合理的结论。这绝对是一个误解，证券交易绝非科学研究。

科学研究可在一定条件的约束下得出必然性的结论，证券交易却不可
以。行情永远有权在任何点位、以任何幅度或涨或跌或平，市场也必将用
它的变化无常、云谲波诡证明多数人选择的错误。

交易的良机往往在你不知不觉中来临，并不需要去刻意追求。例如对
某一投资标的，你长期追踪、研究，每天通过图表分析希望得出市场未来
的走向，有时候你对自己的判断其实并没有信心，但是，有一天或许你会
眼睛突然一亮，看到其中蕴含的投资机会。

追求交易的确定性、预测制胜是人们一贯的逻辑，遗憾的是，用粗线
条、定性和模糊的语言把握市场才是正道。

　　驾驶员在破旧的马路上开车，如果光注意眼前几米的距离，确实可以躲避几个大坑，防止翻车。但若仅仅如此，他早晚要跌入悬崖，因为没有注意到更远的地方。

第十一章

金融心理学：驱动股市的真正力量

真正的大钱是人的心理，它就像猛兽一般，一旦被关键的利好事件释放出来，它就想买眼前的任何股票。这头猛兽不在乎股票到过什么价位，也不在乎涨了多少，它只是想买。

——詹姆斯·克拉默

大盘涨到一定阶段就有压力，跌到一定程度就有支撑，人们都知道用江恩理论、波浪理论、黄金分割、布林线、随机指标和移动平滑指标等技术来分析市场，但有几人知道这些指标为什么可以指导你的操作？

股票价格最终是要回归基本面的，这点毋庸置疑，但基本面又是如何决定股价的？上市公司所处的行业、行业所处的经济环境，变化速度是缓慢的，多数投资人看到的基本面其实就是一堆财务数字，而且还是以季度为单位的（有滞后性），这些如何决定你投资的成败？

从根本上讲，一切市场分析（技术面、基本面）都是心理战，就是一种"心理趋同"，或者说是先进场的投资人给后来者强扣上去的分析原则，制造"博傻行情"。

投资人很难保持思想的独立，任何投资决定其实都是由环境触发的"精神过程"决定的，这是投资人最根本的弱点，无法克服。

"理性投资"有多难

精神分析学派的创始人弗洛伊德认为："人的精神生活包括意识的部分和无意识的部分，意识部分小而不重要，只代表人格的外表方面，而广阔有力的无意识部分则包含着隐藏的种种力量，这些力量乃是在人类行为背后的内力。"

人是社会的动物，进入群体的个体，在"集体潜意识"机制的作用下，在心理上会产生本质性变化。他们有时会不由自主地失去自我意识，完全变成另一种智力水平十分低下的生物。

就像一个农夫在战场上会变成一个嗜血的战争机器，平时一贯精打细算的股民进入股市，很容易失去自我，思维同质化，根本不管股票质地、价格是否合适，就跟风陷入追涨杀跌的狂热。

投资大众普遍的精神状态是：该贪婪的时候恐惧，该恐惧的时候贪婪，犯错之后却又不肯直面现实，心存侥幸、优柔寡断。散户大多凭感觉下单，没有明确的交易计划，就是有，也执行不了。这不是智力问题，是情商问题和心理问题。关于此类心理问题，这里略做一个总结：

（1）跌不敢买，因为知道抄底通常胜率不高；涨不敢买，因为"专家"天天强调追涨如何不妥。最后你在本该是机会的时候，当了一回看客；直到行情进入加速阶段，才被迫杀进去，捡一个烟屁股。

（2）看中一个板块，就坚信这个板块有强劲的涨势，还会寻找各种消息来证明自己的判断，至于是不是事实完全取决于自己愿不愿意相信。

（3）抛掉一只股票之后，会十分焦灼地寻找下一个目标，直到买进才安心。

（4）套牢补仓时，会感慨有闲置资金的好处，但在买进的时候，又怕资金闲置，全仓买入。

（5）时刻关注股票行情，误导了本来正确的判断。

证券市场，在小的时间结构上是很难看得特别清楚的。大盘趋势的形成，都有一个能量集结的过程。能够做到耐心等待时机，进场果断，把眼光放长远一点，就能赚到别人赚不到的钱。一些最危险的时候，恰恰也是价位最理想的时机。

　　公认的看法是认为市场永远是正确的——市场价格倾向于对市场未来的发展作出精确的体现，即使这些发展的性质并不清楚。我则从相反的观点出发，我确信，就市场价格表达未来偏向的含义而言，市场总是错的，但是失真在两个方向上都起作用，不仅市场参与者的预期性存在着偏向，同时他们的偏向也影响着交易活动的进程，这有可能造成市场精确地预期未来发展的假象，可事实上不是目前的预期与将来的事件相符合，而是未来的事件由目前的预期所塑造。参与者的认知的缺陷是与生俱来的，有缺陷的认知与事件的实际过程之间存在一种双向联系，我将这种双向联系称为"反身性"。

——《金融炼金术》

如果市场本身是趋于向上的，那么，市场就会从有利于向上的方面去寻找依据，否则，好的政策面、基本面并不一定会变为市场的利好因素。

大师"疯"起来更离谱

《非同寻常的大众幻想与群众性癫狂》是早期关于大众心理最重要的著作，大师级人物查尔斯·麦基以翔实的史料、生动的文笔，描述了发生在中世纪和近代欧洲的一些无比荒谬却又绝对真实的故事，其中包括著名的密西西比计划、荷兰郁金香狂潮和南海泡沫事件。这本书被许多最伟大的权威人士视为无价之宝。它的崇高声望来自投资大师伯纳德·巴鲁克——巴鲁克曾经促成该书在 1932 年的再版发行，并亲自撰写了序言；著名的投资家约翰·坦普顿也对其推崇备至;《福布斯》杂志则盛赞它为"与投资业务有关的最重要的单行读本""每个投资人都要收藏的书""都必须阅读的作品"。

但也就是查尔斯·麦基——这位对历史、对人性都有精准把握的大师，却成了英国铁路股狂潮的始作俑者之一。

1844 年，就是查尔斯·麦基发表其著作的三年后，英国铁路股票出现明显的泡沫。当时，即使对于各种市场疯狂的历史事件如数家珍的查尔斯·麦基也对铁路股票的价格已经高得离谱、对未来增长预期完全脱离现实的情况视而不见，依然鼓励英国投资人大量买入铁路股票。而查尔斯·麦基本人面对铁路股票的陷阱，则"眼睛都不眨地就像傻瓜一样掉了进去"。1845 年 10 月 2 日，他竟还写了这样一段话："那些提醒铁路股票存在危机的人，似乎有些言过其实。"

面对市场的巨大泡沫，查尔斯·麦基的表现着实令人吃惊。有人指出"当下的铁路股票热潮"与他在书中描述的灾难性泡沫很相似，但查尔斯·麦基却对他们嗤之以鼻，并下结论说："根本没必要担心崩盘。"

这一次查尔斯·麦基真是大错特错了。泡沫终于破裂，英国的铁路股票从 1845 年开始下跌，直到 1850 年跌至谷底，价格缩水 2/3，以今天的价值来算，相当于损失了一万亿美元。但是，查尔斯·麦基却从未承认自己所犯下的惊人错误。

市场癫狂之际，对于资产泡沫有极其深入研究的大师竟会轻易否定自己曾坚信的认知，以致深陷泡沫之中，可见人的理性是多么脆弱！

潜藏在人类心灵深处的原始冲动，总会不经意间挣脱理性的缰绳，冲开文明的堤坝，带来幻想与癫狂。至于《非同寻常的大众幻想与群众性癫狂》这本书，并不因为作者查尔斯·麦基的"匪夷所思之举"而黯然失色。真正的元凶是人性无法克制的弱点，人的"自由意志"经不起环境的蛊惑，总被这样那样的诱惑所驱使，不可避免地作出错误的投资决定。

有限理性——界定自己的能力圈

人都有一个惯性思维，就是总以成败论英雄。人们习惯以结果来判断先前行为的对错，所以，在做对事情时期待回报，在做错事情时担心惩罚。由于市场价格行为的随机性，这种看似合理的评价标准，在证券交易中却是不正确的。不能简单以交易结果的盈亏来判断交易决策模式的正确与否。

投资人通常希望亏损的次数越少越好，因为对于他们来说，这些是他们失败的标记。真正的高手则已经学会处理亏损的必然性。短期（甚至中期）出现亏损永远无法避免，就像早晨刮胡子一样已经成为投资人生活的一部分。根本不必在意亏损，除非它超过整个交易计划所容许的程度。

机构投资者更注重"长远的贪婪"，短期交易的损失是可以容忍的。

投资机构更深切地理解：人的理性只是冰山一角，你所能充分考虑的，仅仅是你自己怎么出牌，却不能考虑别人会怎么应对。即使你打出的牌看上去百分之百合理，也许别人应对之后，你才知道，所谓百分之百合理，其实是百分之百的臭牌。出臭牌并不可怕，可怕的是，你出完臭牌而别人应对之后，你束手无策。

我对市场的看法与大家公认的看法不同，我的第一个看法是，我们并不真正了解我们所处的这个世界，我把这叫作易错性；第二个看法是，我们对世界的了解并不符合真实情况，我把这叫作反思性。这是我的两个主要看法。

——乔治·索罗斯

投资市场最不缺的就是机会，市场机会是数不胜数的，然而，在纷繁的市场中，最需保持一丝清醒的自我认识，了解到自己作为人，存在着先天的局限性。

每个人的个性不同，每个人的思维方式不完全一样，每个人的理性都有局限。作为投资人，要学会界定自己的能力圈，也就是明确自己在所投资的领域有一定的比较优势。投资人应该集中精力于自己可以理解、可以把握的市场机会。不要仅仅因为有获取大额收益的美好愿望，就轻易涉足自己所不熟悉的投资领域，而失去你现在所拥有的比较优势。实际上，历史上很多优秀投资人之所以优秀，是因为他们不去做自己力不能及的投资，巴菲特不去投资期权和网络股，索罗斯不去做短线交易。而有很多大投资家，在自己所擅长的投资领域内获取了巨大的利润后，态度变得轻浮，失去原来的谨慎，受周围环境和人的因素影响，去涉足自己不熟悉的投资领域，最终失去了财富。

界定好自己的能力圈，提高自己在能力圈中的比较优势，把简单有效的工作重复做，成功的概率是会相应增加的。

投资，要先炼心

2002 年诺贝尔经济学奖得主丹尼尔·卡纳曼，坚信经济学就是心理学，其在"有关不确定情形下人们如何作出判断和进行决策"方面有突出研究，提出了著名的"前景理论"。

"前景理论"主要包含三个基本定理：

（1）面对可能亏损的前景时，人们追求风险——赌输时更倾向豪赌，套牢时更倾向死扛。

（2）面对可能盈利的前景时，人们却规避风险——对于有所获利的投资，人们更期待及早落袋为安，也因此错失更大的获利机会。

（3）对于同样数额的获利和亏损，人们明显对亏损更敏感。

面对大起大落的金钱得失，大多数人心态无法平静，很难进行正常的思考，总是做出与正确做法背道而驰的举动。

任何上乘武功，招式都是肤浅的、次要的，内功心法才是最核心的东西。心法这玩意儿有点玄乎，不太容易掌握，但离了它，再厉害的招式都是空架子。

多数投资人认为股票交易只是一个技术性问题，事实并非如此。技术层面的因素仅占整个交易的二分，其余八分的决定因素来自于投资人的心理。这里二与八的区别，并不是说心理要比技术更重要，而是说技术的正常发挥依赖于心理层面。两者的关系有点像物质与灵魂。人的身体是物质层面，而灵魂则赋予身体源源不断的创造力。同样，技术是种子，心灵则是那片沃土。

有多少投资人仔细探究过自己交易时的心理状态呢？有时你会觉得你的逻辑异常复杂，说不清道不明；有时你会觉得你的想法十分简单，无非就是期待今天买了明天就涨。了解自己是一个艰难的过程，但是，承认这种心理弱势的存在很重要。

> 炒股成功要炼"四心"：等待机会出现的无比耐心；机会出现时有辨别机会真假与大小的超人细心；确认机会降临后能果断出击的决心；判断出错后敢于迅速纠错（止损）的狠心。
>
> 耐着性子等待最完美的图形出现的时机与时机出现时的果断出击，是专业短线高手最重要的基本功。

交易心法，无非就是坚毅、忍耐！

约翰·奈夫（过去50年里全球最值得信赖的共同基金经理）把耐心的重要性提到极高的地位。威廉·江恩认为耐心是成功的最重要的素养，是运用好江恩理论的首要前提。

> 电影《兵临城下》，讲的是苏军狙击手瓦西里击毙德军少校狙击手的故事。瓦西里技艺高超，对静止或缓慢移动的德军目标百发百中，令德军闻风丧胆。德军派出少校狙击手对付他，其枪法更高于瓦西里，他能击中快速运动的目标，也是百发百中。苏

军派来帮助瓦西里的狙击手学校的校长竟也被他击毙，瓦西里为之颤抖了。但瓦西里有着沉着冷静的性格，在双方对峙中反复要求自己"要静得像一块石头"，终于令德军狙击手沉不住气贸然出击，被瓦西里一枪击毙。

不少职业机构操盘手临盘激战之时，都在反复提醒自己这句话："要静得像一块石头！"

情绪和心理优势

有人认为，证券投机的魅力在于：这是一个创造奇迹与制造梦想的地方，这是一个可以充分发挥自己自由意志的地方。人们相信凭着智慧、勇气、热忱和汗水可以跻身于赢家行列。

可是，等到真正身陷局中你才发现：行动的自由必然导致金钱的丧失和结局的不自由。根源就在于那只"看不见的手"——情绪冲动。

一方面是机会真正来临时，你会因为害怕、恐惧，不敢入市作战；另一方面是市场走势不明时，你容易凭借主观信念强行入市。市场环境变化所触发的情绪波动使人善变，事先确定好的计划往往在中途被扭曲、改变，最后你就完全迷失在市场的混沌行情中。

　　前一天晚上你在分析、判断市场走势时非常冷静、理智，做好了详细的交易计划。但是，仅仅过了一个晚上，第二天你一走进交易大厅，一切就变得让人难以理解。你会彻底忘记原来制订好的交易计划，忘记自己究竟应该怎么操作，而完全被市场价格的波动所牵引。

　　人的本能、无意识的力量是如此的强大，市场的诱惑是如此难以抵挡。常人就是无法控制自己的交易冲动，一次又一次，市场把你打倒在地，你又挣扎着爬起来。你一再下决心，要谨慎交易，要三思而行，结果却总是不尽如人意，事情并没有朝好的方面发展。直到有一天，你彻底厌倦了这种永远赢不了的游戏，在无可奈何中放弃努力、放弃挣扎。

　　市场深谙你的情绪冲动，恶意制造出一段一段无序的杂波，将你诱入局中，将你俘获。

　　善于利用其他交易人一贯非理性的行为方式，是赢家成功的关键所在。

　　　　　　　　　　　　　　　　　　　　　　——理查德·丹尼斯

　　巨额利润比巨大亏损对情绪的破坏更危险。对巨额利润要保留戒心，不宜过分欣喜。长时间的盈利，非常可能引发最糟糕的几次交易。眼前的不断胜利，极易让投资人产生误判，将一时的运气误解成自己的能力，结果挫败马上降临。

　　在金融交易的世界里，人类的情绪既是机会所在，也是最大的挑战。掌握了它，你就能接近成功；忽视了它，你就危险了。

每个投资人身上都有与生俱来的非理性，期望、恐惧、担心、绝望……它们深深植根于人的头脑中，无法消除，导致市场价格上下波动。这些情绪冲动容易阻挠人们正确把握客观现实，产生一系列认知偏差，如损失厌恶症、沉淀成本效应、处置效应、结果偏好、近期偏好、锚定效应、潮流效应和信奉小数法则等。一旦交易者陷于这些心理误区，则会被认知偏差所误，拘泥于细枝末节而忽略整体趋势。

情绪和心理优势才是成功交易的首要因素。证券交易过程当中，情绪作为一种根深蒂固的人类本性一直存在，关键是看怎么运用它。若是能够有效引导，严加控制，则可激发投资人更多的潜能，转危为机；若是放任其发挥，让非理性的感觉支配自己的行为，那将无力回天。

尽管消息面难以把握，尽管宏观经济面难以预测，尽管机构坐庄手法始终在变化，尽管股市供求关系越来越混乱，但是不要忘记，所有一切的因素，都是从"人"出发的。人是有思想的，人的思想决定了自己的行动。一个人的思想，可能只会决定自己的成败；一群人的思想，可能决定了市场的成败。所以，需要从市场大多数人的心理去做分析和研究，然后找出真正决定大盘和个股涨跌的原因。

心理变化是真正的内在动因，技术分析只是大众心理的外在表现。

将精深的投资思想发展成习惯

在公司中，我最惊人的发现是一种我们称之为"习惯的需要"——这种压倒一切的、看不见的力量的存在。在商学院里，我从不知道这种东西的存在，而且在我进入商界时，我还不能直观地理解它。那时我想，正派的、聪明的而且有经验的管理人员会自动做出理性的业务决策。但是，长期以来我意识到事实并非如此。相反，当"习惯的需要"起作用时，理性之花屡屡枯萎凋谢。

——沃伦·巴菲特

证券投资不是一门科学，而是一个主体实践、操作过程。简单的买进卖出的背后涉及许多复杂的问题，包括市场研究、价格评估、交易策略、投资人的心理、人生态度和精神境界等等。

投资行为模式大体可划分为四个层次：

第一个层次是经验和习惯，这是投资人根据历史经验和直觉形成的交易办法。

第二个层次是一整套的投资方法，从第一层次的经验和习惯上升到程序化的投资步骤，从收集信息到研究、决策，每个步骤都贯穿着同样的投资原则。

第三个层次是投资人对市场本质的理解和把握，属于形而上的层次，是其投资方法的思想和内核，是投资方法具有系统性和一致性的根本保证。

第四个层次是本性的回归，将精深的投资思想发展成习惯，习惯成自然。

要小心你的思想，因为它不久就成为你的行动；要小心你的行动，因为它不久就成为你的习惯；要小心你的习惯，因为它不久就成为你的品格。

投资人一旦对市场本质问题进行深层次的思考，就很自然地扩大学习范围，获得越来越多的资讯，接触越来越多的投资理论，学习越来越多的细节。这本来是好事，但如果把握不好，陷入过度研究的泥潭，反而看不到大方向，容易迷失。

如果希望始终在正确的方向上前进，投资人就必须持续不断强化自己的理念和原则，直至使之渗透到骨髓，上瘾并难以戒除。否则千变万化的市场和环境将潜移默化地侵蚀你赖以生存的东西，你可以坚持一两年，甚至五年十年，但最终仍可能犯下大错。

习惯的链条在重到断裂之前，它轻得难于觉察。

投资习惯的建立也许需要十年甚至更长的时间，直到变成一种无意识的行为，就如呼吸一样。

有着天壤之别的巴菲特和索罗斯，不仅有着共同的投资习惯，而且他们的思考方法完全一致。而且世上能将成功的投资进行到人生尾声的大师，都遵循着与巴菲特和索罗斯一模一样的思考习惯，无一例外。

真正决定成败的不是你投资什么，而是你习惯怎么去做投资。

巴菲特与索罗斯共同的 18 个投资习惯：

（1）相信最高优先级的事情永远是保住资本，这是一切投资策略的基石。

（2）厌恶风险不是一种情绪，而是必须坚持的原则。

（3）有自己的投资哲学，这种哲学是个性、能力、知识、品味和目标的表达。因此任何两个极为成功的投资人都不可能有一样的投资哲学。

（4）已经开发并检验了自己的个性化选择、购买和抛售的投资系统。

（5）认为分散化是荒唐可笑的。

（6）憎恨交纳税款和其他交易成本，巧妙地安排行动以合法实现税额最小化。

（7）只投资于自己能看得懂、看得透的领域。

（8）从来不做不符合投资标准的交易，可以很轻松地对任何事情说"NO"。

（9）不断寻找符合投资标准的新交易机会，积极进行独立调查研究。只愿听取那些有充分理由去尊重的投资者或分析家的意见。

（10）如果一时找不到符合投资标准的交易机会，就耐心等待，直到发现机会。

（11）在作出决策后即刻行动。

（12）持有赢钱的投资，直到实现确定的退出条件成立。

（13）坚定遵守自己设定的系统。

（14）直面自己犯错的可能性，在发现错误时即刻纠正它们，极力避免遭受重大损失。

（15）把错误看成学习的机会。

（16）几乎从来不对任何人说自己在做些什么，对其他人如何评价自己的投资决策没有兴趣，也不关心。

（17）工作是为了刺激和自我实现，而不是为了钱。

（18）迷恋投资的过程（并从中得到满足），可以轻松摆脱任何个别投资对象。

——摘自《巴菲特与索罗斯的投资习惯》

第十二章

赢家的投资组合

Portfolio 是"投资组合"在英文中的表达，在欧美国家，设计师把作品、草图放入一个文件夹（portfolio）内。Portfolio 其实是一种可以将许多物品经过整理之后再存放的东西。

最初，在投资者的资产组合中，主要是股份、国债以及存款等这类可以在证券公司和银行中卖掉的金融资产。而近些年来，组合对象的范围在不断扩大，古玩、珠宝、高端白酒和葡萄酒等都能成为投资对象。

要把什么样的投资项目组合在一起

房地产在中国人的投资组合中是绝对大头，属于不动产投资。"不动产"直译成英文就是"real estate"，实际上是"真实财产"的意思。它不像股票和债券那样，是对纸片进行的投资。

2014 年前后，国内房地产投资的风险系数不断增高，有官员直言，中国楼市面临历史性拐点。这并不表示房地产正在丧失投资价值。就像新鲜的水果会涨价，但烂苹果一定会跌，楼市也应如此。如果烂苹果也涨不是很奇怪吗？常态化是房地产的正常状态，好的涨、坏的跌。

即使你手上没有股票、债券和金银珠宝等投资项目，银行或基金公司也会帮你做资产组合。

从 2005 年起，银行开始提供"新股申购"理财产品。这其实是银行集中投资者的钱，统一申购 IPO（首次公开发行）的新股。在沪深股市，绝大多数新股在上市首日都会大涨，银行因此帮助投资者赚了很多钱。这也给投资大众带来了错觉——以为 IPO 就是赚大钱，银行的理财产品永远不会赔。

2012 年之前的十多年里，国际金价一直在上涨，公众面临长期通胀的大环境，普遍相信金价还会保持升势，因此，银行代销的黄金类理财产品也火过一阵子。人人都认为黄金能保值，直到趋势逆转，金价掉头向下。

银行发行的理财产品更是多，银行将自己的贷款资产打包，设计成一个类似于"债券"的投资品大量对外销售。而银行代销的理财产品就不好说了，支撑其价值的"基础资产"可能是房地产，也可能是矿产或政府项目。

理财产品和债券一样，到期要还本付息，如果银行的资金周转不能应付那么多到期产品的兑付，怎么办？那就发行新理财产品筹新钱，归还旧理财产品的旧债。

所以，曾任证监会主席和中国银行行长的肖钢曾直言不讳："银行业的财富管理（以理财产品为主）蕴含较大风险，尤其是'资金池'运作的产品，银行采用'发新偿旧'和'期限错配（打时间差）'来满足到期产品的兑付，这在本质上是一场庞氏骗局。""在一定条件下，投资者一旦失去信心并减少他们的购买或退出理财产品，这样的击鼓传花游戏便会被迫停止。"

对于多数理财产品，银行只负责销售，不负责盈亏。但因为银行所扮演的社会角色，银行可能不得不承担最终的风险。

2008 年 10 月以前，很多香港人买了一种高风险债券"雷曼兄弟迷你债券"。这是什么东西不重要，重要的是，雷曼破产后，债券持有人血本无归——他们纷纷要卖债券的中介（主要是银行等）负责。

可是，香港人在买雷曼债券以前，都签了"盈亏自负"合同。现在出事了，"盈亏自负"合同并不起作用——香港抗议、闹事的人一多，港府怕危及社会稳定，"硬性要求"这些银行（中介）进行赔偿。

就像许多理财产品，宣传册子上明确指出：投资有风险，银行不做任何担保。

很多理财产品的散户投资者对"风险提示"视而不见，或者揣着明白装糊涂，将理财产品当成储蓄存款来操作。因为有政府提供隐形的"维稳保险"，投资者都严重缺乏风险意识——对风险的定价严重无视。

做投资除了要考虑安全性和回报率，也要关注资产的流动性——是不是很容易将资产转售出去，兑现投资利益。现金是世界上流动性最好的资产，可是现金的"投资回报率"为零。而货币基金能兼顾安全性、回报率和流动性，做出最令人安心的投资组合。

安全且相对高利率的货币工具，如国债、商业票据、政府短期债券、高信用等级企业债券、高利率同业存款（针对证券公司、信托公司等非银行金融机构开办的存款业务，大机构议价能力强，能争取比较高的协议利率）等短期有价证券，多数时候都是由金融机构去操作的。如何让老百姓也能享有大机构才能获得的高利率？货币基金能从中起到一个桥梁作用，货币基金资产主要投资于以上短期货币工具（一般期限在一年以内，平均期限 120 天）。

国内最大的基金公司天弘基金（已经由阿里巴巴控股），其主要业务就是货币基金。天弘基金与支付宝合作，衍生出"余额宝"，在"余额宝"诞生的第八个月（2014 年 2 月），就吸纳 8000 多万用户，超过中国股民人数。

公众在银行的存款利率实在太低了。但是，在 2014 年 3 月央行限制余额宝转账额度之前，公众的零碎银子大量进入余额宝，再由天弘基金和阿里巴巴去跟银行谈判，争取高利率。集中的大规模存款，银行当然不敢怠慢——必须能提供一个比较高的协议利率，才能留住大储户。

凯恩斯和他的"边际笨蛋"理论

梅纳德·凯恩斯无疑是西方最伟大的经济学家之一，他的《就业、利息与货币通论》是西方经济学的经典著作。1929 年开始的世纪股灾后期，美国第 32 任总统富兰克林·罗斯福大力推行的"罗斯福新政"，使美国经济止住了萧条，也让美国股市停止了下跌。"罗斯福新政"的思想正是来自凯恩斯，而凯恩斯也被称为"资本主义的救星"。

经济学家们投资股市的业绩都很惨，只有凯恩斯是个例外。凯恩斯一生做了很多投资，他在外汇、商品和股票交易上都有不俗的业绩。

有人打开过凯恩斯的私人账户，看到里面有大量商品和股票的承付款项。除了拥有好几种汽车股票外，他还持有橡胶、谷物、棉花和锡的多头期货合同。凯恩斯在卧室里就把钱赚了，这并非笑谈。据《凯恩斯传》记述："他的一些财务决定是在他早上还没起床时作出的。清晨醒来，他通过电话从他的经纪人那里获取信息，然后逐条审阅金融市场上的情报，分析定夺后，电话通知经纪人如何操盘交易。"

凯恩斯最失败的一次判断是他没能预想到大萧条时代的到来。

1929 年的股市大崩盘使凯恩斯几乎丧失所有的投资收益，他资产的 3/4 都付之东流。1932 年，他又在自己的投资组合上追加了相当数量的资金。尽管他不能总是在股票价格最高时将其出手，但他总能在最低价时买进。而且他专拣那些明显不受欢迎的证券进行投资，如公用事业公司发行的股票、黄金债券等。1944 年，他在写给一位同事的信中说："我投资的中心原则是和大众的想法相反，如果每个人都相信它有价值，那么这项投资不可避免地会价格太高，因而也就丧失了对我的吸引力。"

到 1946 年凯恩斯去世时，他的净资产达到 411000 英镑。要知道，在 1920 年他的投资组合仅价值 16315 英镑。如果按复利计算，他的年收益高达 13%，如果再考虑进这期间还经历了资本主义历史上最严重的经济大萧条，这个投资业绩就更让人刮目相看了。

凯恩斯对于股票价值的看法，被总结为"选美理论"：有 100 幅候选美女的照片，由公众从中选出 4 人，如果想要选中美女冠军，聪明人并不会把票投给自己认为最美的女人，而是选择他认为大多数人都认为最美的人。简单地讲，就是谁最漂亮不重要，重要的是，别人（大多数人）觉得谁最漂亮。凯恩斯就是据此投资的。

> 股票价格是人们对股票市场的平均预期——并依据这个形成股票价格，只是一群不理性人们心理的产物，当人们心理突然骤变时，股价自然就会剧烈波动。

在凯恩斯的投资思想中，他从不相信价值投资有什么特别之处，他只考虑利用市场的不理性赚钱。这其实和索罗斯的反射理论颇为相似。在索罗斯看来，人类对事实的认知永远是扭曲的、错误的。问题并不在于扭曲，而在于扭曲的认知会产生新的事实，这就是他所谓的人类思维的操纵功能，也就是所谓的"反射理论"。

想想看，参与股市投机的人是根据什么标准来选择介入时机的？或者说，怎样的股价才使他们觉得有吸引力？

只要能继续往上涨就行，确保自己不是"边际笨蛋"，即最后一个"笨蛋接盘者"，不论价格怎么虚高都没关系。抄底抄到最低价是极困难的，一买进就是最高价也太倒霉了，谁也不愿相信自己会那么倒霉。

凯恩斯"边际笨蛋"理论的核心是：投机，是因为你预期有比你现在买的价格高得多的更大"笨蛋"来买。也许你完全不管那样东西的真实价值，即使它一文不值，你也愿意花高价买下，是因为你预期有一个更大的"笨蛋"，会出更高的价格，从你那儿把它买走。投机行为的关键是判断有无比自己更大的"笨蛋"，只要自己不是最大的"笨蛋"，这个行为就是赢多赢少的问题了。

因此，看起来胜算很高的博弈，往往是超大的骗局，输家永远是大多数人。

既然最大的"笨蛋"应该只是最后接货的那一部分人，是一小部分人，为何大多数人最后总会输得很惨？

大多数人看到的只是价格，那是静态的，股票（及金银、艺术品等投机品）价格的不利变化一旦形成趋势，那个剧变将迅雷不及掩耳，不会给你太多反应时间。在你后面确实有很多比你更笨的人，但是，投机市场总以超乎预料的速度将他们消灭，很快使你变成"边际笨蛋"。任何价格博弈（炒作），只要脱离真实价值，就不会有赢家。

在股市投机的"幸存者游戏"中，时间越长，投机失败的结果就越确定。

凯恩斯设计的投资组合只适合凯恩斯本人，毕竟，世界上只有一个凯恩斯。

在 1946 年 3 月召开的国际复兴与开发银行第一次会议上，凯恩斯当选为世界银行第一任总裁，但是他返回英国不久，就在家中去世了。

彼得·林奇：如何战胜华尔街

彼得·林奇是全球最高薪的受聘投资组合经理人，在彼得·林奇出任麦哲伦基金的基金经理人的 13 年间，基金的年均复利报酬率达 29%（高于巴菲特 23% 的年均复利回报率）。1977 年，投资人若在麦哲伦基金投资 1 万美元，到 1990 年可得到 28 万美元。

彼得·林奇是最务实的专业投资者，不管什么类型的股票，只要有利可图就买，一旦证券价格超过其价值就卖。他常说："要投资于企业，而不要投机于股市。"在他看来，任何一个产业或板块，哪怕是所谓"夕阳产业"，都可以从中找出潜在的投资目标。

找到一个好的公司，只是投资成功的一半；如何以合理的价格买进，是成功的另一半。彼得·林奇在评价股票的价值时，对资产评估和公司盈利能力评估两方面十分关注。期望收益愈高，公司价值就愈大。而盈利能力的增强，即意味着公司股票价格具备在未来上扬的可能性。

在彼得·林奇所经营的麦哲伦基金的 1400 种股票中，大致有以下四类股票：

（1）希望能够收益 200%~300% 的成长股。

（2）股价低于实值的价值股，期望在股价上涨 1/3 时就脱手。

（3）绩优股，如公用事业、电信、食品等行业股票，经得起经济不景气的打击。

（4）特别情况，如再生股。

不少美国投资者曾梦想战胜华尔街，他们都希望抓住爆发力强的黑马股、10 倍股。而如果把投资周期拉到 5 年、10 年，能在总体回报率上超过标准普尔 500 指数的个人投资者，凤毛麟角。跑赢大市，长期超越大市平均的回报水平，是如此之难。

在某些年份里，你能够获得 30% 的投资收益率，但在其他年份里你可能只有 2% 的投资收益率，甚至可能会亏损 20%，这正是投资世界的基本规律，你别无选择只能接受。

过高的预期收益率错在哪里呢？如果你期望每年都应该获得 30% 的投资收益率，那么当股票表现达不到你预期的高收益率时，你很可能会因为希望落空而感到严重受挫，这时焦躁不安的心情会使你在最不应该放弃的时刻放弃自己原本正确的投资策略，或者更糟糕的是，在追逐这种镜中花水中月般的高收益时，你可能会冒不必要的风险。不论是在投资收益很好还是很坏的时候，你都应该始终坚持一种正确的投资策略，只有这样才能使长期投资回报最大化。

一般股票的长期平均投资收益率为 9%~10%，这也是历史上股票指数的平均投资收益率。你可以通过投资于不收佣金的指数型共同基金获得 10% 的平均投资收益率。这种指数基金购买标准普尔 500 指数中所有 500只股票从而自动复制整个指标，你无须做任何研究或者支付额外的费用就可以实现 10% 的平均投资收益率，这种平均投资收益率是一个衡量你自己投资业绩的基准。

彼得·林奇做股票不靠市场预测，不迷信技术分析，不做期货、期权交易，不做空头买卖，他完全是靠勤奋的调查研究。彼得·林奇总是在不停地寻找投资机会，同时他也十分注意资产的灵活性和多元化，主张以投资组合来分散投资风险。

一些投资者总是习惯性地卖出"赢家"——股价上涨的股票，死抱住"输家"——股价下跌的股票，这种投资策略如同"拔掉鲜花浇灌野草"一样愚蠢透顶；另外一些人则相反，卖出"输家"——股价下跌的股票，死抱住"赢家"——股价上涨的股票，这种投资策略也高明不了多少。这两种策略都十分失败的原因在于，两者都把当前股票价格变化看作公司基本价值变化的指示器。

很多公司的股价表现非常糟糕，但只是股票表现不佳而已，公司本身经营仍然十分成功。彼得·林奇表示："正如我们看到的，当前的股票价格变化根本没有告诉我们关于一家公司发展前景变化的任何信息，并且有时股价变化与基本面变化的方向完全相反。"

彼得·林奇投资技巧的灵活务实还表现在，投资组合的设计需要随着年龄的改变而改变。年轻的投资人未来还有一生的时间可以挣得很多的工资收入，因此可以用更多的资金来追逐 10 倍股；那些年纪大的投资人则不能如此，他们更需要从股票投资中获得稳定的收入来维持生活。因此年轻的投资人比年长的投资人有更多的时间进行尝试，即使犯一些错误也不要紧，直到寻找到一只超级大牛股，从而成就一番伟大的投资事业。

一个投资者和另一个投资者的条件和情况往往有很大的不同，所以每个投资者只能根据自身的情况进一步分析"如何构造符合自身需要的投资组合"。

最值得信任的投资大师：沃尔特·施洛斯

华尔街历史上出现过很多投资奇才，但是以"最值得信任"为标准，恐怕索罗斯、彼得·林奇都会输给沃尔特·施洛斯。

鲜有人知的沃尔特·施洛斯，在自己 65 年的投资生涯中，历经过 18 次经济衰退，但是他所管理的基金却赢得 20% 的年复合回报率，扣除费用之后的年复合回报率也达到 16%，远高于标普 500 指数的表现。如果你在 1955 年向施洛斯的基金投入 1000 美元，到 2002 年，其价值将超过 100 万美元，也就是说 1955 年的每 1 美元，到 2002 年都变成了 1000 美元，这么长期的超稳定的投资回报，除了巴菲特、索罗斯和彼得·林奇，华尔街几乎没有人能够在投资业绩上与他相比。

最关键是，华尔街的股神们基本上都是大鳄，操作的资金量都是以亿计的。而施洛斯始终是"散户身份"，顶多是一个大散户。

在施洛斯公司的 92 个股东里，很多人并不富有，每一笔投资对他们的家庭来说都至关重要，因而他坚持把资产的安全性放在首位——每年出具一封简短的信件，说清楚基金的投资业绩和成本支出等情况。

施洛斯管理基金的最大特点——他在"玩别人口袋里的钱"时，不像其他基金管理人，无论赚钱赔钱，必须首先扣去 2%~3% 的管理费放进自己腰包。施洛斯不一样，他是在其管理的基金盈利时，才收取 25% 的业绩提成，否则分文不取。

施洛斯崇尚简约，保持着大萧条时代的节俭，他的妻子曾开玩笑说他跟在她屁股后面关灯以节省电费。在基金管理上，为了做到减低管理成本，施洛斯采用的策略包括：他从不雇用证券分析师、交易员，甚至连秘书都没有，他儿子是他唯一的雇员，两人共用一部电话，在一个小到被巴菲特戏谑为"壁橱"的办公室里，几十年如一日地做出了惊人的投资之举。

在计算机模型声称可以确定量化"神秘可怕的金融风险"的年代，施洛斯设计投资组合的方法十分简单朴素。

难以想象，即使你宅在家里或办公室里看资料，不去调研，不和管理层交流，也可以做个很好的投资者。

施洛斯几乎从未出现在任何财经节目和报道中，他的基金从未进行过任何营销，不去调研、几乎不与外界沟通，也没有特别的信息渠道，他只在办公室通过电话，向上市公司索取财务报告，然后仔细阅读，平均每两周寻找一只新股票。

施洛斯从未声称自己熟悉企业的具体运营，而且几乎不与公司的管理层交流。他也不考虑时机的选择，比如是不是买到底部，或者卖到高位，也不搞趋势分析。他不考虑宏观经济。他通常从上午 9：30 工作到下午 4：30，在纽约交易所收市后只是多干半小时。

巴菲特说："施洛斯的投资策略是一种保本型的投资方式，它避免涉及那些容易造成永久性本金损失的风险。"

施洛斯则一直认为，普通投资者将关注的重心放在公司未来的盈利上是有风险的。"大多数人都在紧盯公司的收入和未来的盈利潜力，但我不会加入他们的游戏。个人投资者只有很少的资源，但使用这种投资方法需要与那些有巨量信息的大经纪公司分析师们竞争。我只需要专注于保护本金，不必去谈管理，听分析师分析，或者去预测宏观经济，我需要做的只是以低于其本身资产价值的价格购买股票，然后放着。"

通常，价格已经下跌的股票会引起施洛斯的关注，他会仔细检查创出新低的股票名单。如果他发现一只股票的价格处于两三年来的低点，他就会认为非常好。而且，下跌时出现多个缺口的股票以及股价直线下跌的股票对施洛斯尤其具有吸引力。

在施洛斯漫长的投资经历中，以低于资产价值买入的股票最终会盈利，然而这需要时间，他平均持有一只股票的时间约为4年，在这个方面施洛斯很有耐心。他认为，市场的过度下跌导致出现了很多便宜货，只要时间足够，他将获得回报。

在施洛斯漫长的资金管理生涯中，曾投资过大约1000只股票，这些股票大多平淡无奇，但是他却创造了16%的年复合增长率。因此，巴菲特认为施洛斯创造的成功几乎不可能是因为机遇，而是由于正确的方法。

资产配置，赢在起点

资产配置通常由四大类组成：纸币、债券、股票和基金。

美国财经作家查理·埃利斯注意到，投资者通常不会投入太多时间与资源在最重要的投资决策上，相反，常常因为证券交易的诱惑与市场买卖时机的变动，浪费时间与资源去搅动投资组合，这样既糟蹋金钱又毫无效率。

资产配置是一门综合艺术，应遵从如下原则：

（1）资产配置比重要合理，要分散配置。

（2）配置要定期或定量进行再平衡。配置不是死的，要灵活流动。

（3）在配置中要有适当的现金。如果用实际的财富作为衡量，在衰退与危机中现金的价值会暴涨。

（4）拥爱熊市，只有在暴跌的时候才有好的投资机会，这时要大胆地把现金投出去。

应该将现金（纸币）视为投资组合的重要部分，一个没有大量现金的投资组合绝不是一个好的投资组合。大量现金的重要性对于一个投资组合是不言而喻的。

通货膨胀时期，纸币贬值很快，拿着钱就是风险；经济陷入萧条，到处是廉价资产（比如股票会便宜很多），此时没有钱投资也是风险。纸币购买力的不稳定，造成了这种矛盾。

在 2008 年的经济萧条中，年初 140 美元可以买一桶原油，年底可以买 4 桶；年初 4000 美元能买 4 盎司黄金，年底能买 5 盎司；年初 5000 美元买 100 股花旗银行股票，年底至少可买 4000 股。

手里积累大量现金，耐心等待恰当的机会出现。鳄鱼两年不吃东西，也不会饿死。它的腿很短，移动很慢，只能在河床上等待。假如猎物不出现，它就睡觉。而一旦猎物靠近它，它就咬住猎物，吃掉猎物，这就是"鳄鱼方法"。鳄鱼的捕猎风格，也是现金管理的意义。

稳定而有效的投资组合在管理上非常重要，但这一点往往被人忽视。

不同股票的估价，高的极高，低的极低。高估最厉害的股票，股价走势一直是表现最好的，而低估最厉害的则一直是表现最差的。如果太过关注短期的投资得失，投资者根本没办法理性看待股票价值。

但是，长期看来，风险最高的股票未来的期望收益率是最低的，风险最低的股票未来的期望收益率反而是最高的。理性的投资组合，只能在一个较长的时期才能呈现出它的优势。所以，问题的关键在于如何构建一个稳定而有效的投资组合。

英国一个非常著名的基金经理陶布说："我做投资非常简单，简单到不能再简单，只要把英国可以做到世界上最好的那些企业一网打尽就行了。"在他的投资组合中，排序分别是三五香烟、苏格兰威士忌、联合利华、希思罗机场和保诚保险公司，全是世界上最好的企业。而这个组合在 25 年内翻了 54 倍。

华尔街金牌分析师罗伯特·汉格斯特龙曾有两段精辟论述："我现在比以往更深刻地认识到，取得高于平均的收益绝非仅仅是选股的问题，也是你如何构建你的投资组合的问题。""最优投资组合，可遇而不可求。一个稳定而有效的投资组合，大致能确保在坏年景中取得较好的投资回报。"

经济会有周期起伏，行业总有大大小小的波动，没有一个行业能够免除下跌，但是有些行业的下跌少于其他行业。

在经济萧条的时候，客户的广告投放首先会受影响。经济危机来了，广告基本叫停。所以，广告公司最容易受到经济萧条和熊市的冲击。但是经济再萧条，饭还是必须吃的。只要不是奢侈类的食品企业，经济危机不会对它有什么大的打击，有时，经济萧条反而是好事，有些胃口高端的人不再吃鱼翅，改吃速冻食品了。

那些从卷烟、电力、原油、食品、医药、软饮料、通信和日用品中盈利的企业，在衰退时或熊市中都具有一个关键的保护性优势，这源于人们即使在缺少现金的时候，仍要继续抽烟、吃饭、开车、喝咖啡、使用工具和打电话。但人们将推迟购买汽车、住房和耐用消费品，这是汽车制造商、住房开发商和一些零售商会在衰退中受害的原因。

华尔街教父本杰明·格雷厄姆在他的巨著《证券分析》中指出：如果市场环境显示证券的卖出和经济的前景都不明朗，投资者可以持有防守型股票，而不必抛出所有的投资离开股票市场。这个投资策略对于长时间都不需要使用投资资金的投资者特别有益。防守型股票可以平安挺过各种经济风暴。如果它们不可避免地受到影响，通常会有更强劲的反弹。

防守型股票存在于诸如公共事业服务、食品杂货、制药等重要行业。

在建立投资组合时，格雷厄姆提出了两个简单可行的方法：

第一，平衡组合中股票和固定收益证券的比例。

第二，持有不同股票的数量要达到一定的数量和比例，在一两只股票表现异常时，不至于连累整个投资组合的收益。

巴菲特说："我们的投资组合持续保持集中、简单的风格，真正重要的投资概念通常可以用简单的话语来作说明，我们偏爱具有持续竞争力并且由德才兼备、以股东利益为导向的经理人所经营的优良企业，只要它们确实拥有这些特质，而且我们能以合理的价格买进，则出错的概率可以说是微乎其微。"

建立投资组合的最终意义，既是为了在市场平稳时挖掘更深的收益，也是为了很快挺过市场危险期而生存得更长久。

通过投资组合，我们可以减少波动和降低风险，代价是相对于表现最好的资产类别，它的收益率偏低。因此，我们应该在足够长的时间里考察投资组合的优势。

编 委 会

（排名不分先后，以下人员均为博文书友会社群合伙人）